物理教师领导力与有效课堂构建

教学实录与思考

主编 ◎ 谭诗清

中国出版集团 现代出版社

图书在版编目(CIP)数据

物理教师领导力与有效课堂构建：教学实录与思考 /
谭诗清主编. — 北京：现代出版社，2020.6

ISBN 978-7-5143-8705-6

Ⅰ.①物… Ⅱ.①谭… Ⅲ.①中学物理课—教学研究
—初中 Ⅳ.①G633.72

中国版本图书馆CIP数据核字（2020）第110075号

物理教师领导力与有效课堂构建：教学实录与思考

作　　者	谭诗清
责任编辑	张　璐
出版发行	现代出版社
地　　址	北京市安定门外安华里504号
邮政编码	100011
电　　话	010-64267325　64245264
网　　址	www.1980xd.com
电子邮箱	xiandai@cnpitc.com.cn
印　　制	北京政采印刷服务有限公司
开　　本	710mm×1000mm　1/16
印　　张	12
字　　数	202千
版　　次	2022年6月第1版　　2022年6月第1次印刷
书　　号	ISBN 978-7-5143-8705-6
定　　价	45.00元

广东省谭诉涛工作室
顾冷乙
2019.11.6

教师课堂领导力篇

目录

教师教学与研究篇

教师课堂领导力篇

领导力即领导者的能力，领导力是"领"和"导"的能力的总和。所谓"领"就是引领和指引，领导者要高瞻远瞩，带领团队、组织向既定的目标前进；所谓"导"就是控制和疏通，教师就像一艘船的舵手，对错误的行为进行修正。笔者以为教师课堂领导力是教师对课堂的主导和驾驭能力，是教师在课堂教学中运用有效教学的理论来改变教学行为和学生的学习方式，提高物理教学有效性的能力，是教师在课堂教学中吸引和影响学生持续实现课堂教学目标的能力，体现为课堂教学的感召力、前瞻力、决断力、影响力和控制力。当前，我国的课堂教学现状令人担忧。教师苦教，学生苦学，教学效果与教师和学生的付出不成正比，课堂教学效率低下，主要表现在以下两个方面。

其一，题海战术，学生兴趣不高。课堂教学中教师总是担心学生不懂、不会而滔滔不绝、口若悬河，教师采用时间战术、题海战术，浪费了学生大量的时间，使学生逐渐丧失了学习的兴趣。

其二，课堂活动无实效。为了突出学生的主体地位，提高学生的学习能力，课堂上采用小组合作学习，课堂气氛十分热闹，轰轰烈烈，但只流于形式，没有真正的实效。一个教师就是一个领导，课堂就是咱们的主阵地，我们应当通过教学实践，把握好自己的教学，管理好自己的学生，不断形成自己的教学风格，积淀出自己的教学主张，从而充分发挥教师的课堂领导力，提高课堂效率。

如何提升初中物理教师的课堂领导力？下面谈谈主要的策略和方法。

1.思想开明，态度开放，视野开阔

教师需要终身学习才能永远不被改革的浪潮淘汰，永远立于不败之地。终身学习是科技发展和社会进步的必然要求。如果教师故步自封、坐井观天，不接纳新的教学理念，那么必然不能被学生接受。科技发展日新月异的今天，学生接受知识的渠道也是多媒体的，不但有课堂学习，还有电视、网络、课外阅读等多种多样的渠道。因此，提高课堂领导力，教师首先要端正思想，摆正态度，乐于接受学生在日常学习中表现出来的活跃的思维和创新的观点，要能放下架子，和学生进行平等对话，这样才能吸引学生，被学生信任和敬佩。

2.与时俱进，勤于探索，勇于创新

任何新理念、新方法只有在实践中才能获得检验，才能赋予其实际意义。因此，要提高教师课堂领导力，就必须积极探索、勇于创新。创新要从学情出发、从教学内容和目标出发，尝试新理念指导下的有效方法；创新是在传统教学技法的基础上赋予其时代进步和科技发展的新内涵。在实践中检验教学改革和方法创新的实效性，调动学生自主学习、主动探究参与的积极性，总结经验，归纳出更新、更适合的教学方法，有效指导教学，提升教学成绩。

3.集体智慧，互帮互助，共同提高

现在大多数学校都在开展集体备课，每个星期都有规定的时间分年级、分学科进行集体备课、研课、磨课，科组成员之间还互相听课，开展"课例式研究"，看别人怎样上课，怎样处理知识点，这样，大家不断进步，课上得越来越好，课堂效率也越来越高，以达到共同进步、提升教师课堂领导力的效果。

本辑内容是广东省谭诗清省名教师工作室近年来的重要教研成果之一，每一节课堂实录与思考，都通过精选的教学片段，丰富生动的案例剖析，形成了教师的思考和感悟，最后通过工作室名师的点评，挖掘出教学的闪光点，指明反思提高的方向。相信对教师领导力的提高与有效课堂的构建具有极大的帮助，也相信对初中物理教学会有较大的指导作用。

本书是八年级（上）的物理教学实录与思考，今后根据教改的深入开展，将陆续形成初中全册的物理教学实录与思考。

《长度和时间测量》课堂实录与思考

本节通过长度和时间这两个物理量的学习，了解国际单位制并学会基本的测量方法，使学生懂得人的直觉有时不可靠，要对物体的某些情况进行定量的描述，必须用仪器来测量，让学生在动手做实验的过程中学会测量长度和时间的一些基本方法，让学生知道学习物理需要仔细观察、认真动手实验。

教学片段1：新课引入

师：请同学们观察图1、图2两幅图，请问：图1中的线弯了吗？图2中的线哪段长？

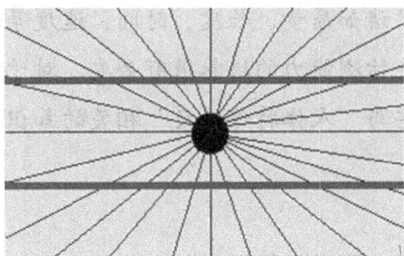

图1 图中紫色线   图2 图中橙色线

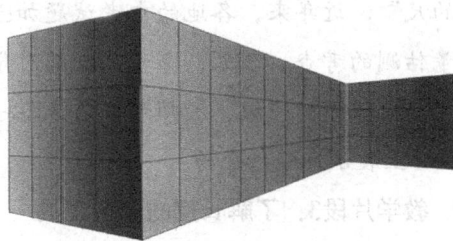

生：第一眼看上去感觉是弯的，但有可能这种感觉是错的。

师：对，单凭感觉来判断是不可靠的。物理学是以实验为基础的科学，在研究和学习物理的过程中，常常需要进行测量。长度和时间的测量是物理学中最基本的测量。（板书课题）

思考：从学生感兴趣的现象入手，激发学生对物理学的兴趣的同时，又使学生体会测量工具的必要性。

教学片段2：长度的单位

师：让我们回忆一下小学学过的长度单位有哪些？另外，通过课前预习，还知道有哪些新的长度单位？

生：小学学过的长度单位有千米（km）、米（m）、分米（dm）、厘米（cm）、毫米（mm）。

生：微米（um）、纳米（nm）是书上新介绍的长度单位。

师投影PPT：单位及换算，巩固记忆。

师：同学们知道可以用人体的哪些部位作为尺来估测长度吗？

生：人伸开两臂的长度大约等于身高，如果知道自己的身高，就能利用双臂估测物体的长度。

生：人的头长和脚长相同，身高等于7倍头长，人拳头的大小和心脏一样大。

生：人身体上许多部位是按"黄金分割"分配的，比如眼睛是头部的黄金分割点，肚脐是人体的黄金分割点等。

师：同学们知道这么多关于人体尺寸的知识，真让老师佩服。

思考：活动既可以激发学生对物理学的兴趣，也让学生亲身感受"人体特殊的尺"。近年来，各地的中考试题加强了诸如质量、长度、时间、速度等物理量估测的考查。可见，课堂上加强对学生估测能力的培养很有必要。对于生活经验比较差的班级，教师可提前准备一些与"人体特殊的尺"相关的知识，在PPT上展示，避免冷场。

教学片段3：了解长度的测量工具

师：大家都知道长度可以用尺子来测量。同学们能说说都有些什么样的尺子吗？

生：直尺、三角板、卷尺。

生：裁缝用的皮尺、木匠用的折尺……

师：还有在精确测量或特殊测量时常用的游标卡尺、螺旋测微器。

思考：教师可以在列举尺子的过程中，将这些尺子一一展示给学生，增强学生的感性认识。

教学片段4：长度的测量

师：大家会用生活中常见的直尺、卷尺测量长度吗？请同学们利用文具盒中的尺子测出物理课本的长、宽，并和同桌交流测量方法及发现的问题。

学生操作，教师巡视。注意发现测量过程中存在的问题，和学生讨论解决。

生：测量书的长度的时候，刻度尺平行地放在被测的物体上，尺子上的0刻度线与被测长度的一端对齐，视线和被测长度另一端的刻度尺对齐（学生示范说明）；读出刻度尺上的数值，记下来。这样就测完了。

生：我的尺子用的时间长了，前面0刻度线的地方看不清楚，我将能看清楚的一条刻线和被测长度的一端对齐，读出另一端刻度尺上的数值，将前面的值减去，也能测出物体的长度。

生：我发现将刻度尺上的刻线紧贴在被测物体上（学生示范），读数时容易看清楚、读准确。

生：我用刻度尺测量书的宽度的时候，0刻度线和一端对齐了，可是另一端和刻度尺上的刻线对不齐，该怎样算长度呢？

师：是不是其他同学也有同样的问题？实际上类似的问题我们在测量中经常遇到。（投影PPT）

师：同学们一起来讨论如何解决这个问题。

生：刻度尺上的一小格是1mm，可以根据被测物的边缘所对齐的位置估计一下是零点几毫米就行了。

师：请大家看看被测物边缘对应的是刻度尺上多大的值。

生：我觉得是6.35cm。

生：我看是6.38cm。

师：两位同学读出了不同答案，数字中前两位数完全相同，只有第三位数不同，为什么呢？

生：前两位数是从尺子上读出来的，当然都相同，而最后一位数是根据个人的感觉估计出来的，就可能不相同。

师：回答得非常好。直接从尺子上读出来的数值我们称它为准确值，估计出来的值我们称它为估计值。因此，一个测量出来的数值就包括两部分。

生：一部分是准确值，另一部分是估计值。

师：测量结果上还必须说明单位。所以测量结果应包括三部分：准确值、估计值和单位。

师：如果被测物的边缘和刻度尺的某一条刻线对齐了，还用估计吗？

生：被测物边缘和刻线对齐时，估计值是0。

师：说得非常好。在书写测量结果的时候，为了说明你的估计值是0，在准确值的后面应该写上"0"。

师：我们在读数的时候只能估计到最小刻度值（也叫分度值）的下一位。在测量时应根据测量的要求选择合适的尺子。

思考：课堂上物理知识不是简单直白地告诉学生，而是通过师生的良好互动，让学生去思考感悟问题，实现自主构建知识。物理情境是提出问题的根据，从物理现象的观察、物理概念和规律的理解等方面提出问题，可使抽象问题具体化、枯燥知识趣味化，进而激发学生发现问题的热情和探索问题的欲望。

教学片段5：误差与错误的区别

师：被测物体真正的长度即真实值只有一个，而几个同学测同一个物体就得到了几个测量值。说明测量值和真实值之间是有差别的，这就是误差。大家说说误差能完全消灭吗？

生：测量总是人利用工具进行的，并且测量时还得要估计，总会有一些误差。所以我认为误差不能消灭，只能尽量减小。

生：可以多测量几次，多几个人测量，然后求平均值，来减小误差。

师：这就是我们在物理实验中经常用到的"多次测量取平均值"。

师：如果在测量的过程中，不小心将尺子放歪了，或没有一条刻度线和被测物对齐，或读数时斜视，你们觉得会产生什么结果？

生：如果这样测量，测量值和真实值之间的误差肯定会很大。

师：同学们必须明确，不按正确的方法测量得到的结果并不是存在误差，而是错误。误差是不可避免的，而错误是不应该也不允许发生的。

思考：物理实验离不开对物理量的测量，由于仪器、实验条件、环境等因素的限制，测量不可能无限精确，但遵守测量仪器的使用规则或读取、记录等方法是非常必要的。

教学片段6：亲身体会刻度尺的正确使用方法

师：同学们已经学会了正确使用刻度尺测物体的长度。我们一起重新体会刻度尺的正确使用方法。

生分组实验，测水杯的高度、中指指甲的宽度、一拃的距离（拃：张开手，拇指尖到中指尖的距离）。

思考：物理教学应遵循"从生活走向物理，从物理走向社会"的理念，让学生真正体会到所学物理知识在现代社会生活、生产和科技等领域的应用。通过具体活动才可让学生掌握使用刻度尺测量长度的正确方法。

教学片段7：时间的测量

师：同学们了解的测量时间的表都有哪些呢？

生：现在的表种类很多，如钟表、手表、怀表、小闹钟等。

生：也可将表分为石英表、机械表、电子表等。

生：还有一种表是在运动会上跑步计时用的，叫秒表或停表。

师：不论将表分成多少种、划为多少类，它们都是现代人的计时工具。

师：原来有这么多种计时方法。请同学们看下面的资料片。

（投影：人类计时仪器的发展史）

师：看了上面的内容，同学们有什么感想吗？

生：我们今天用的表也是从古至今许多人共同努力的结果，是他们智慧的结晶。

师：同学们说得太好了。今天的计时器——"停表"，大家都会用吗？想不想试一试呢？

（教师将课前准备的闹钟、停表等发给学生，也可以让学生使用自己的手表）

师：请同学们用你们手上的表测量自己写10个字用多长时间，然后介绍你的测量方法。

学生介绍表的使用方法，其他学生补充。

师：大家认为他们讲得清楚吗？老师认为他们非常棒。请同学们利用你们手中拿着的表再测量自己一分钟内脉搏跳动的次数。课后放学或上学的路上用脉搏估算需要的时间，并和用表测量出来的时间进行比较，看看相差多少，差得多不多。

（学生认真测自己的脉搏，教室内非常安静）

师：课后大家还可以继续测量、讨论，找出最好的方案。同学们一定还记得小学学过的时间的单位，是什么呢？

生：小时（h）、分（min）、秒（s）。

师：国际单位制中时间的基本单位是秒，符号是s。秒是怎么规定的呢？请同学们阅读"科学世界"。

思考：通过本环节活动，学生体会到了学习物理的兴趣，深刻理解了停表的正确使用方法。

反馈：课堂训练。（详见导学案）

教学片段8：归纳小结

师：通过这堂课，同学们有什么收获？还有什么疑问？现在请用思维导图把本节课的知识内容自己小结一下，并对本节课知识进行梳理消化。（课堂板书）

学生自我小结，并消化知识，教师巡视指导。

师：老师很欣喜同学们这节课收获满满！同学们学会了如何进行长度和时间的测量。我们下节课见！下课！

生：谢谢老师！老师再见！

思考：课堂小结能够完美地概括一节课的内容，能够快速地抓住核心内容。归纳总结要保证重点突出，展现知识网络，并力求简明扼要，一目了然，使之便于学生理解和记忆。也可以用简练的文字进行知识点小结，这对初学者来说容易掌握。课堂要舍得花时间让学生思考和总结，充分肯定学生，让学生及时消化知识，培养能力。

名师点评

本节课是初中物理第一堂课，学生对物理既感觉新鲜，又感觉陌生。本节课用两个有趣的问题激发学生的好奇心，建立了物理学习情境，让不同层次学习能力的学生都能愉快地进入课堂学习，通过刻度尺使用的教学，通过学生练习使用刻度尺，让学生感受到物理学习的严谨和规范；在学生练习使用刻度尺时，通过不断的鼓励和表扬，使学生得到及时的肯定，帮助学生不断地建立物理学习的自信，课堂教学上让学生形成良好的学习情绪，帮助学生克服物理学习的心理障碍；再通过身体里的尺和表等活动，进一步激发了学生物理学习的兴趣，拉近物理与学生的距离，为学生打下了良好的物理学习基础。

《运动的描述》课堂实录与思考

　　《运动的描述》这一节看似简单，但它却深深影响"运动、运动和力和机械能"的学习，本节课的内容对后面的学习起着重要的铺垫作用。运动对于学生来说并不陌生，但是从物理学的角度来研究运动还是首次。探究运动的描述，能使学生获得科学的观点和方法。通过本节教学，不仅能让学生获得基本的知识，更重要的是让学生感悟科学的观点及科学的研究方法。由于初中生的思维正处于形象思维到抽象思维的过渡期，本节教学可利用多媒体教学环境将一些场景生动再现，以感性认识为依托，发展学生的抽象思维能力。

　　教学片段1：机械运动的定义

　　出示教学PPT。

　　师：请大家认真观察这两幅图片，你认为哪辆汽车是运动的？哪辆汽车是静止的？哪位同学到讲台指给大家看？

　　生：我认为运动的车是这辆白色轿车，还有这辆卡车。

　　师：你是怎样判断的？

　　生：因为它的位置变化了。大家看，白色的车原来在这儿，后来到这儿来了。

　　师：回答得非常好！请回到座位上。

　　师：在物理学中，我们把物体位置随时间变化叫机械运动。请同学们在书本第16页把定义画出来。

　　重点标记"位置、变化"，学生在书中做好笔记。

　　师：知道了什么叫机械运动后，请同学们列举生活中属于机械运动的例子。

　　生1：同学在操场上跑步。

　　生2：飞机、小鸟在天上飞。

生3：鱼儿在水里游来游去。

生4：猎豹飞驰、蜗牛缓慢爬行。

生5：老师在教室走来走去。

师：大家的例子都非常好。也就是说，只要我们通过观察物体的位置有没有发生变化，就可以判断它有没有做机械运动了。

思考：通过摄像头拍摄出的不同时刻的两张图片，让学生认真观察，从而得出机械运动的定义，再通过举例子，加深了对机械运动的理解，也进一步把物理知识与生活联系在一起。

教学片段2：参照物

师：刚才所列举的在做机械运动的物体，同学们确定一定都是运动的吗？

生（想了想）：不一定！

师：为什么这样认为？

生：选择的标准不一样。例如，猎豹飞驰，如果它旁边有一只和它速度一样的同方向跑的猎豹，那么这两只猎豹看对方是不动的。就好像操场上两个同学100米比赛，如果他们速度和方向一样，那么他们看对方也好像不动。

师：同学们有没有这样的经历呀？请打开书本第17页看"想想议议"，小组讨论并思考，我们应该如何判断物体是运动的还是静止的？

小组讨论，教师巡视学生的讨论情况。

师：时间到！哪个小组给大家汇报下你们的结果？

组1代表：判断物体是运动还是静止，必须先选取一个物体作为标准，这个标准叫参照物。如果选对面的列车作为参照物，我坐的车是运动的，选地面为参照物，我坐的车是静止的。

师：其他小组的同学，你们认为呢？

组2代表：我认为他说得对，而且如果选路边的树为参照物，我坐的车也是静止的。

师：说得非常好！为了使大家更好地理解参照物以及运动和静止，下面我们做一个小活动。请同学们按照学案的要求，自己先做一做，然后和小组的同学交流一下，并完成填空。

学生活动，交流，填写活动结果。

师：好，时间到，请停下来。请第三小组汇报你们的结果。

组3代表：将课本放在课桌上，再将一个橡皮放在课本上，用手慢慢拉动课本，橡皮相对于课本位置没有变化，橡皮相对于课本是静止的；橡皮相对于桌子位置有变化，橡皮相对于桌子是运动的。

师：同学们有其他见解吗？

生：没有。

师：在刚才的实验中，我们选择的标准不同时，物体的运动情况就不同了。可见，物体的运动情况并不是一成不变的。要判断一个物体是运动还是静止，应该看物体相对于参照物是否有位置变化。如果相对于参照物有位置变化，则可判断是运动的；如果相对于参照物没有位置变化，则可判断是静止的。也就是说，物体的运动和静止是相对的。

师：其实，在第一次世界大战期间，一名法国飞行员在2000m的高空飞行的时候，发现脸旁有一个小东西，飞行员以为是昆虫，于是敏捷地一把抓了过来，令他吃惊的是，抓到的竟是一颗德国子弹！飞行员真的那么厉害吗？

生：不是！其实是因为飞行员和子弹相对静止。

师：很好，看来大家对这节课的内容掌握得不错。

思考：引入的问题引发了学生的认知冲突，从而使学生主动思考，再通过小组讨论交流以及小活动，使学生更深刻地理解了参照物，学会了如何判断物体是静止还是运动的方法。最后的小故事比较罕见，也能够激发学生的好奇心而引发思考。

教学片段3：巩固迁移

师：现在到了验收我们所学知识的时候了。请同学们在导学案中完成"巩固迁移"部分的练习，时间5分钟。

附练习：

1. 下列运动中不属于机械运动的是（　　　）。

    A. 飞机升空　　　　　　　　B. 小船顺流而下

    C. 卫星绕地球转动　　　　　　D. 星星在天空中闪烁

2. 有关参照物的说法正确的是（　　　）。

    A. 运动的物体能做参照物

    B. 只有固定在地面上的物体才能做参照物

    C. 任何物体都可以做参照物

D. 研究某一物体的运动，必须选定参照物

3. 下列关于机械运动的说法中正确的是（　　　）。

A. 运动是宇宙中的普遍现象，绝对不动的物体是没有的

B. 运动和静止都是绝对的

C. 物体是运动还是静止，与参照物的选择无关

D. 以上说法都不正确

4. 某人乘游艇在珠江上逆流而上，若说他静止，是以下列哪个物体为参照物的？（　　　）

A. 珠江水　　　　　　　　　　　B. 岸边的高楼

C. 他乘坐的游艇　　　　　　　　D. 迎面驶来的游艇

5. 地球同步通信卫星总是静止在地球上空某处，这是以_____为参照物，如果以太阳为参照物，这颗卫星是_____（填"运动"或"静止"）的。

6. 甲乙两人并肩向前走，如果以乙做参照物，甲是_____的，路旁的树木是_____的；如果以地面为参照物，甲是_____的。

7. 2013年12月2日，搭载着"嫦娥三号"月球探测器的"长征三号乙"运载火箭在西昌卫星发射中心成功发射升空。在刚刚发射的几分钟里，探测器相对运载火箭是_____的。到达一定高度后，箭器分离，这时探测器相对运载火箭是_____的（以上两空均填"运动"或"静止"）。

学生独立完成巩固迁移练习，教师巡视检查。

师：时间到！请各小组同学分别把反馈练习的各小题答案向大家汇报一下，大家若有不同意见的请提出质疑。

学生汇报反馈练习答案，大家质疑修正，教师适当点评，巩固对参照物、机械运动的认识。

思考：当堂训练，及时巩固。通过典型练习，让学生加深对运动知识的理解，学会根据不同的参照物，对物体运动与静止做出准确判断。通过学生的自学、交流、展示与反馈，培养了学生自主学习、合作学习与质疑反思的能力。

🔲 名师点评

本节课教学情境丰富，手段多样，充分体现了学生的自主性学习。本课教学目的非常明确，重难点得到很好的突出与化解，教学流程清晰，层层递进：

先是通过学生熟悉的生活情境，让学生判断物体的运动与静止，进而得出机械运动的定义，再通过学生大量列举事例，加深了对运动概念的理解。接着教师抛出核心问题"做机械运动的物体一定都是运动的吗"，学生通过思考讨论与活动，顺利得出了运动与静止相对性的观点。最后通过生动的事例让学生分析判断，及时反馈提升，达到了较好的教学效果。

教学需注意及时归纳解题方法：一是根据参照物判断物体运动与静止的基本方法；二是根据物体运动与静止判断所选参照物的基本方法，让学生培养良好的思考问题与解决问题的习惯。教学中还可通过"运动的绝对性、运动与静止的相对性"渗透一些辩证唯物主义教育。

《运动的快慢》课堂实录与思考

本节课是学生第一次真正接触物理概念的学习，第一次接触复合单位及其换算，第一次接触物理的计算题……这么多的第一次！如何开好这个头？如何把小学学过的速度、路程、时间与初中物理顺利接轨？我设计了如下课堂。

一、由熟悉的情境引入新课

师对比展示一组运动快慢的图片和视频。

（PPT课件播放一组图片和视频）

师：音乐好听吗？情景美吗？在PPT课件的画面中，同学们看到了在地面上沿直线爬行的乌龟、在笔直的公路上行驶的汽车、在空中沿直线飞行的飞机……结合同学们上节课学习的知识，你认为它们有什么共同的特点吗？

生：（以地面为参照物）它们都在运动。

生：它们运动的路线都是直的。

生：它们都在做机械运动。

师：它们做机械运动的情况有没有什么区别吗？

生：有。它们有的在天上飞，有的在地上爬。

生：它们运动的快慢不一样。

师：运动有快有慢，怎样描述物体运动的快慢呢？

思考：从学生熟悉的实例入手，引出物理问题，体现从生活到物理的课程理念，激起学生学习的兴趣。

二、比较分析，解决问题

教学片段1：比较运动快慢的方法

师：大家知道"龟兔赛跑"的寓言吗？哪位同学来讲一下。

学生讲述寓言故事。

师：比赛开始的前一段时间，是兔子跑得快，还是乌龟跑得快？你是怎样判断的？

生：看看它们谁跑在最前面，跑在最前面的兔子跑的路程最长，而时间一样。

生：在相等的时间内，跑的路程长的兔子运动得快。

师：由于兔子麻痹轻敌，中途睡了一觉，裁判员判定最先到达终点的乌龟运动得快，裁判员这样判断的依据是什么？

生：它们跑的路程一样长，先到达终点的乌龟用的时间短，它运动得就快。

生：通过相等的路程，用的时间短的运动得快。

师：通过同学们的分析，我们已经知道在路程相同的情况下，通过比较时间的长短来判断运动快慢；在时间相同的情况下，通过比较路程的长短来比较运动快慢。请同学们继续关注下面的问题。

师：学校百米赛冠军的成绩是12s，第二十四届奥运会万米赛冠军的成绩是28min，怎样比较他们运动的快慢？

生：根据前面的方法，可以比较他们一段相同路程内的时间或比较他们一段相同时间内的路程。

生：可以比较他们在1s内运动的路程。

师：请同学们分别计算他们在1s内的路程。

一名学生到黑板上演算。

学生演算，教师巡视。

百米冠军：1s内跑了8.33m；万米冠军：1s内跑了5.95m。

师：在物理学中物体运动的快慢用速度表示。同学们刚才求出的就是两名运动员各自的速度。速度等于什么呢？

生：速度等于路程除以时间。

生：刚才计算的是1s内运动员跑的路程，所以说速度等于1s内的路程。

师：能不能分别计算出两名运动员在1min内、1h内跑过的路程，来比较他们运动的快慢呢？

生：可以。

师："1s、1min、1h"都叫作单位时间，所以可以把速度定义为"单位时间内的路程"。

板书：速度等于运动物体在单位时间内通过的路程。

归纳：比较物体运动的快慢有两种方法，一种是在相同时间内，比较物体经过的路程，经过路程长的物体运动得快；另一种是物体运动相同路程，比较它们所用时间的长短，所花时间短的物体运动得快。在物理学中，采用的是"相同时间比较路程"的方法。这样，在比较不同运动物体的快慢时，可以保证时间相同。

思考：如何比较运动的快慢？有学生说：将时间化成相同，看两者的路程多少，这是可以的。在这种思路的启发下，有学生说：将路程化成相同，看所用时间的多少，这也是可以的。我再问：有没有其他的方法，学生陷入了沉思。我启发说：就时间相同而言，既然可以放大，那么能否缩小呢？有学生就说：可以的，将它们都化成1分钟或1秒钟，看在这1分钟或1秒钟内两个物体各自运动的路程是多少，也是相同时间看路程的一种方法。我肯定他的说法，并指出：物理学中，将1小时、1分钟、1秒钟等作为单位时间，刚才的方法也就是看物体在单位时间内所经过的路程的多少。换句话说，物体在单位时间内所经过的路程的多少可以表示物体运动的快慢。为了描述物体运动快慢，物理学中由此引入速度的物理量。

这不仅使学生从实例中学会了比较物体运动快慢的方法，也培养了学生表达能力、归纳分析问题的能力。

教学片段2：速度公式

师：在以前的学习中，同学们肯定已经注意到，每一个物理量都有自己的表示符号。物理学上，路程用"s"表示，时间用"t"表示，速度用"v"表示。如果一个运动物体在"t"时间内运动的路程是"s"，那么，这个运动物体的速度该如何表示呢？请大家写出速度的表示式。

生：$v = \dfrac{s}{t}$。

师：这就是速度、路程和时间的关系式，即速度的公式。

思考：在速度公式的教学中，由于学生还没有学到分式的内容，所以，我在教学中加入了用文字表述公式的形式，然后再用字母代替文字，最终得出公式的表达式。这种递进式的教学对于刚刚接触物理公式的学生来说很受用，能够更好地理解物理公式的意义。

教学片段3：速度的单位

师：同学们可以由速度的公式，根据以往的学习经验，讨论一下速度的单位应该是什么。

生：根据速度的公式可以看出速度等于路程除以时间，所以速度的单位是由路程的单位与时间的单位组成的。如果路程的单位用米（m），时间的单位用秒（s），速度的单位就是米（m）除以秒（s）。

师：同学们分析得很好。国际单位制中，路程的单位是米（m），时间的单位是秒（s），速度的单位就写成"米／秒（m／s）"，其中"／"表示除的意思，读作"每"，所以，"米／秒（m／s）"就读作"米每秒"。

练习1：读出教材第20页"小资料"中物体的运动速度，说说哪个物体运动得最快，哪个物体运动得最慢。人步行和骑自行车时的运动速度分别是多少？

生：蜗牛爬行最慢，光速最快。因为蜗牛爬行的速度最小，光的速度最大。

生：人步行的速度约1.1m／s，自行车的速度约5m／s。

师：同学们已经了解"m／s"是速度在国际单位制中的单位，在交通运输中还常用"千米／时（km／h）"做单位，应该怎样读？

生："千米／时"中的"时"应该是"小时"，所以可以读作"千米每小时"。

师：读得非常正确。

思考：在速度单位的教学中，由于是首次见到复合单位，因此有必要对其进行分解，这样有利于下一步顺利介绍速度单位的换算关系。

教学片段4：速度单位的换算

生：米／秒和千米／时都是速度的单位，它们之间有什么关系呢？

师：问题提得很好，请同学们看下面的问题。

练习2：火车的速度是72km／h，汽车的速度是30m／s，是火车跑得快，还是汽车跑得快？

生：谁的速度大，谁就跑得快。由于单位不一样，没有办法比较快慢。

师：（引导学生明白）要比较两车谁跑得快，就要比较两车速度的大小，要比较两车速度的大小，就要统一单位。

生：可以把单位km／h化成m／s。

学生板演：72km／h=20m／s。

生：也可以将m／s换算成km／h。

学生板演：30m／s=108km/h。

师：同学们表现得太棒了。单位统一以后，就能很容易比较谁运动得快了。

师：从同学们刚才进行的单位换算的过程中，是不是能总结出单位换算的一般规律呢？

一个物体运动的速度是1m/s，另一个物体运动的速度是1km/h，它们哪一个运动得快？

点拨：

思路1：根据速度单位的物理意义来比较。

1m/s的含义是物体1s内运动的路程为1m，照这样运动，1h（1h=3600s）运动的路程为3600×1m=3600m=3.6km。

生：1m/s=3.6km/h。

反过来，$1km/h=\dfrac{1}{3.6}$ m/s。

思路2：要比较速度的大小，应把分子分母的单位先统一。

生：$1km/h = \dfrac{1km}{1h} = \dfrac{1000m}{3600s} = \dfrac{1}{3.6}$ m/s。

生：$1m/s = \dfrac{1m}{1s} = \dfrac{\dfrac{1}{1000}km}{\dfrac{1}{3600}h} = 3.6km/h$。

师：甲、乙两个物体的速度分别是10m/s和18km/h，速度较大的是谁？

生：甲。

思考：在单位换算的引入中，考虑到这两个单位是经常要换算的，所以，给出生活中一些例子来介绍米/秒和千米/时的大小比较，这样，学生从图片入手，接受起来就更加自然，也更容易。教学贴近生活和实际，同时配备了速度表和路牌的图片，让学生更加熟悉生活中的速度。

三、走向生活

会看速度表盘上的一些数据。

四、小结本节内容

（略）

五、完成PPT上对应的本节课的练习

（略）

六、布置作业

（略）

名师点评

授课教师把这节内容分两个课时，本节作为第1课时，重点在于：①学会比较速度大小的三种方法；②以物理量符号引入速度的公式；③速度的单位换算。对初学物理的中学生而言有一定的难度，所以授课教师采用了分板块的方式来进行课堂教学，有利于学生对重点知识的把握，更容易抓住本节课的重点内容，对于一些简单的知识点，让学生采用自主学习的方式来完成，可以大大提高课堂效率。

本节课可从两个方面优化。

（1）复合单位的换算是学生学习的一个难点，如果单位换算不过关，将会影响后面的计算。所以，最好在此处设计小组合作的环节，让学生通过小组讨论、交流，归纳出大单位与小单位之间换算的方法或步骤，然后再进行练习。这样，学生对单位换算的理解会更到位，准确率会更高。

（2）课堂教学内容完成后，为了检测学生的掌握程度，及时得到反馈，最好通过实物投影，将学生的答题情况投影到大屏幕上，让全体学生来评析，这

样做可避免由于学生上黑板练习而造成浪费时间，增大学生心理压力和反馈不真实等问题的出现，更重要的是能够培养学生的抽象思维能力、概念辨析及规律应用能力和错解评析能力。

《测量平均速度》课堂实录与思考

本节是学生的第一次分组实验课，让学生通过设计实验、收集和分析实验数据等自主活动来提高实验能力，体会间接测量物理量的方法，培养合作精神。以"多元智能理论"为依据，根据新课程的基本理念"注重科学探究，提倡学习方式多样化"，以及初二学生年龄特点，在本节课的教学中，我确立以人为本的思想，以学生为主体，采取探究式教学方法，采用的是"提出问题—实验探究—交流评价—分析应用"的物理课堂教学模式。

教学片段1：复习刻度尺和停表的使用

师生问好。

师：（边讲边展示）老师这里有一把刻度尺，我们一起来回顾一下刻度尺的使用。（配合投影）

（1）正确放置刻度尺：零刻度线对准被测物体的一端，有刻度线的一边要_____被测物体且与被测边保持_____，不能_____。

（2）读数时，视线要_____刻度线，要注意区分大格及小格的数目。

（3）记录时，不但要记录数值，还必须注明_____，并且要求估读到_____。

生：紧靠；平行；歪斜；正对；单位；分度值的下一位。

师：很好！看来同学们都掌握好刻度尺的使用方法了。

师：接下来，我们通过一个游戏来回顾一下停表的使用吧。老师这里有一个乒乓球，一会儿老师会将它从高处往下扔，同学们听到乒乓球第一次撞击地面的声音后开始计时，听到第二次撞击地面的声音后停止计时，并比较计时结果。明白了吗?

生：明白!

（开始进行2～3次游戏）

师：同学们测得的时间是多少啊？

学生汇报测量出来的时间。

师：好！我们换同桌试一试。

（再次进行2～3次游戏）

师：同学们测得的时间是多少啊？

学生汇报测量出来的时间。

师：通过这个小游戏，相信同学们已经能熟练使用停表了，接下来的实验就可以很顺利地进行了。

思考：通过引入部分的小游戏，让学生回顾停表的使用方法和读数技巧，按一下开始计时，再按一下停止计时，再按一下回零。外面的长针走一圈是30秒，长针走两圈、里面的短针走一格是1分钟。利用刻度尺测长度时，测量的结果要有准确值和估计值，而且记录的结果要有单位。

教学片段2：引出实验

师：今天，我们要测量平均速度。同学们知道速度的公式及各字母的含义吗？

生：$v=\dfrac{s}{t}$，v代表速度，s代表路程，t代表时间。

师：很好！$v=\dfrac{s}{t}$就是我们本次实验的实验原理。那么，如果想测量一个物体的平均速度，需要测量哪些物理量？

生：路程和时间。

师：好！通过速度公式我们知道，速度是路程与时间的比值，所以要测量路程和时间。刚才的小游戏我们回顾了测量长度（路程）的仪器——刻度尺，测量时间的仪器——停表的使用方法，接下来，我们一起设计实验吧。

思考：有了课堂引入的游戏铺垫，再结合公式概念不难让学生理解实验设计的思路。

教学片段3：实验设计

师：今天我们的实验器材有小车、斜面、停表、刻度尺，注意要调整斜面呈较小的坡度，使小车从静止释放，可加速下滑即可，并且不会滑落斜面。

生：为什么要调整斜面呈较小的坡度？（若学生不提问，则提问学生）

师：因为呈较小坡度的斜面方便控制小车运动的速度，增加其运动时间，从而便于测量小车运动的时间，明白了吗？开始组装仪器。

生：明白。

学生组装仪器。

师：非常好，同学们都组装好了实验仪器。老师提一个问题，小车的运动距离到底是哪一段呢？（结合PPT，给出车头到车头的距离和车尾到车头的距离等）

生：小车运动距离是车头到车头的距离。

师：答对了！实验时要注意测量正确的距离作为小车运动的路程。在测量过程中不要改变斜面的坡度。下面我们开始测量小车通过的路程和时间、通过上半段的路程和时间，计算全程和上半段的平均速度，同组的两名同学分别完成一次并对比。

学生进行实验。

思考：设计测量平均速度的实验是本节课的重点，利用启发式教学，通过学生分组实验，测量小车全程和上半段的平均速度，加深学生对平均速度的理解。在本节课教学中，我确立以人为本的思想，以学生为主体，采取探究式教学方法，施行"提出问题—实验探究—交流评价—分析应用"的物理课堂教学模式，使学生把科学知识的获得与思维能力和动手实验能力的培养有机地结合起来，充分强调学生学习的积极性、主动性，培养学生的创造能力和实践能力。

教学片段4：实验拓展——计算小车下半段的平均速度

师：通过上面的实验，我们测量得出小车全程和上半段的平均速度，但是由于通过下半段路程的时间较短，不易测量，我们能不能利用现有数据，计算出下半段的平均速度？

生：$v_3 = \dfrac{s_1 - s_2}{t_1 - t_2}$。

思考：由于通过下半段路程的时间较短，不易测量，引导学生利用测量较长的时间，间接求出。具体来说，利用总时间减去上半段的时间，根据公式 $v = \dfrac{s}{t}$ 计算出下半段的平均速度，再分别计算上半段和全程的平均速度进行比较，从而得出平均速度是物体在哪一段时间内或哪一段路程中的平均速度。

名师点评

　　本节课设计紧凑合理，重难点突出，体现了"注重科学探究，提倡学习方式多样化"的新课程基本理念。陈老师通过提问和一个小游戏的方式引导学生回忆上节课已学知识（刻度尺和停表的正确使用），为本节实验课做好了准备。然后通过层层提问引导学生思考应该如何测量小车的平均速度，实验中应该注意什么（例如，应该使斜面的倾斜角度小些并保持不变），逐步引导学生解决问题，注重科学探究的同时也体现了学生的主体地位。同时本节课的重点突出，减少了不必要的环节，尽量多给学生动手实验的时间。

　　如何测量下半段的平均速度是本节课的难点，可以把多种教学方法结合起来，比如让学生分组讨论再结合图形分析老师讲解、习题练习等，从而更好地突破该难点。

《声音的产生与传播》课堂实录与思考

本节是声学的初步知识，声现象是自然界的常见现象，而对声的了解则可以通过有趣、易操作的探究活动来进行。让学生在探究物理现象的同时，激发他们学习物理的兴趣，初步培养他们观察物理现象、应用物理知识解释现象的能力，为后续章节的科学探究活动打下坚实的基础。现将课堂上的教学片段记录下来，供教育教学参考。

教学片段1：课前引入活动

师：老师带了好玩的东西给大家，想不想玩？

生：想！

师：谁想玩？最快举手的同学来参与！（选了举手快的学生）

师：就是这个水果钢琴！你会钢琴吗？

生：不太会！

师：没关系！看老师来示范。（老师敲击水果钢琴发声，接着请学生依次敲击发出1、2、3、4、5、6、7的声音）

师：非常好！有同学会弹奏《两只老虎》吗？（邀请会弹奏的学生来演奏）

师：弹奏得非常好，给点掌声！

图1　水果钢琴（MaKeyMaKey模块、veryonePiano软件）

师：声音在生活中有很多的应用。我现有一台遥控小车，小车上有盏灯，这灯会听我指挥，我喊一声让它亮就亮。亮！（车灯马上亮了），说明声音可以控制它，实际上车里面还有很多的控制，（教师举起遥控器）请问我这个控制器叫什么？

生：遥控器。

师：是不是遥控发出声音？

生：不是，是红外线。

师：红外线算不算声音？

生：不算！

师：红外线是无线电！今天我们是来学习声音，学习后，大家就能区分两者了。

图2　声音控制车灯，红外线遥控小车车轮转动

师：我还有一个更好玩的仪器，就是超声波身高电子测量仪。

师：谁想来量一下，好，就请这位帅哥来量下！请看头顶液晶屏，身高为1.61m。仪器原理是在这个端口发出一个声音传播到地面再反射传回来在这里接收，通过芯片运算，液晶屏显示身高，故声音在生活中还有很多用处。接下来，我们来学习声音的产生和传播。

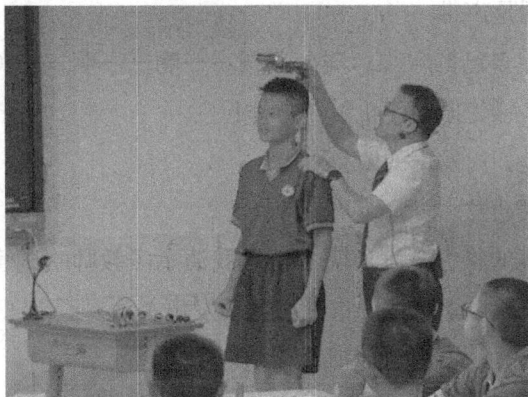

图3 利用超声波身高电子测量仪测量身高

思考：通过以上三个小环节，仅仅需要4分钟，让学生积极参与，拉近了师生的距离，调动了课堂的氛围，激发学生的求知欲和学习的兴趣，让学生体会到科学的价值及应用物理知识的意义，环节三中的超声波身高测量仪为后续回声测距离埋下伏笔。同时借助Arduino开源芯片创作新的创客作品——超声波身高电子测量仪，让学生瞬间感觉物理学科的高大上，寓教于乐，为学生进行科技发明播下创新的种子。

教学片段2：声音的产生

PPT投影：图片中究竟是物体哪处振动发声？

图4 物体振动实验

师：小组2分钟时间讨论究竟是物体哪里振动发声。针对最后一幅音叉图，大家也可以实验下。

学生实验后讨论，并用音叉敲击进行感受。

师：时间到！请你谈一下究竟是哪里振动发声。

生：第一幅图是声带。

师：大家摸摸自己的喉部，啊——啊——啊——啊——（学生感受声带振动发声）停止！（感受振动停止）非常好！

师：哨子又是如何发声的？

生：空气柱振动发声。

师：空气柱真的是振动发声吗？请看我演示（教师吹试管，接着演示可变调的哨子模仿鸟叫，让学生体会空气柱振动发声）。

师：（点击PPT）你们如何知道音叉在振动？

生：用乒乓球可以探究。（教师给乒乓球让学生演示，教师辅助）

大力敲打音叉让乒乓球弹很远。

师：刚才的探究方法叫作转换放大法，还有其他方法吗？（教师拿出装有水的水槽）

生：用水探究。

师：如何操作？（教师通过手机拍摄，现场播放给学生观看，增强可视程度）请这位同学上来，看看如何操作？

学生敲击振动的音叉并放入水中，通过大屏幕观察到水花飞溅。

师：感谢！掌声鼓励！

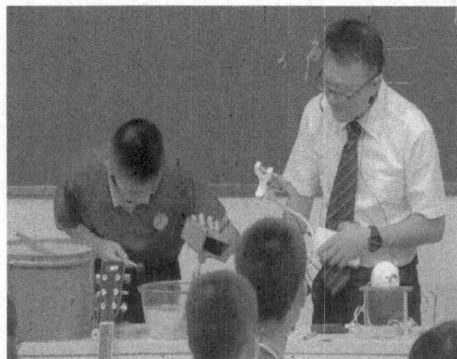

图5　音叉振动实验

思考：针对PPT图按顺序抽取学生回答。学生以小组为单位进行实验探究，然后汇报。从学生熟悉的实例入手，由浅入深，引出问题，体现从生活到物理的课程理念。充分利用多媒体辅助教学，形象、具体、实时地显示实验现象，有效扩大课时容量，提高教学效率。活跃课堂气氛，寓学于乐。用手机做无线摄像头，方便且反馈及时，同时也可用手机控制PPT演示，教学手段先进。

教学片段3：声音的传播

师：振动一定发声，但是人一定能听到声音吗？为什么？

生：可能振动幅度不够大。

师：我若让固体有规律地振动，幅度增大就能听到它振动发出音乐，信不信？（用一台微型桌面共振音响演示，让冷气柜机身振动和课桌面振动发声，请学生摸，感受固体振动发声）

师：刚才共振音响让物体振动发声，发出的声音是通过什么传递到我们的耳朵的呢？

生：通过固体和气体。

师：我们将声音在固体、液体和气体中传播的物质，物理上统称为介质。小组讨论，能否分别设计一个简单的实验体现固体、液体和气体传声的例子呢？（讨论2分钟）

生：我们现在对话，声音通过气体传进耳朵，固体的话就是把耳朵贴在桌面上轻轻敲击一下。

师：现在全体同学试试把耳朵贴在桌面上轻轻敲击多下，能否听见声音？

生：液体的话就是躲在水中听外面的声音，因为受到水的阻挡所以听得不是很清楚。

师：你试过吗？

生：试过。

师：（鼓励学生）非常好，但是今天我们必须要通过实验去验证。请看PPT，刚才我们做了第一个实验，有没有同学咬过振动发声的音叉，听过发声？

生：有。

师：现在老师有些牙签，咬着牙签，试着振动牙签，感受一下。

学生感受。

师：小学做过一个证明固体传声的实验，大家还记得吗？（教师PPT展示"土电话"图片，学生再一次兴奋）想玩不？（学生蠢蠢欲动）

师：谁想玩？请这两个男生上来操作。（示意安静）

学生通过绷直的"土电话"的导线一讲一听，体会固体传声。

师：固体可以传声，如何用实验来演示液体传声？

生：老师把您的手机扔到水中，我们在外听您的手机发声。

师：我的手机不防水咋办？（教师出示手机，同时拿出准备好的防水套，马上测试，学生惊呆了，通过手机连线投影到电脑屏幕，师生共同观看屏幕同时通过手机无线连接电脑显示倒计时，同时声音通过水传递到空气中，所有学生能在安静的环境中听到，真的体现了水能传递声音）

图6　咬着牙签探究实验

图7　"土电话"实验

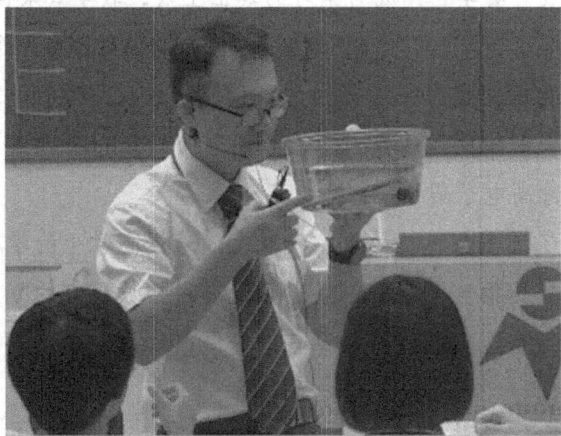

图8 手机放水中听声音

师：这个实验说明液体可以传声！（板书：声音传播需要介质，介质包括固体、液体、气体）真空算不算介质呢？通过观察以下视频可以得出什么结论？（观看PPT视频：玻璃罩演示抽真空，铃声越来越小，相反，放进空气，铃声又恢复原来大小）

生：真空不算介质，真空不能传声。

思考：物理课堂教学必须要有前瞻性，对自己课堂的设计环节必须要考虑周详。故本节中为探究声音的传播花了较多的探究时间，主要是让学生对声音的认识从实际出发，及时了解学生的需要，这样的教学才会有的放矢。实践证明，学生自主探究的小组合作教学必定会产生较大的亮点，同时再通过直观实验和学生亲身体验、感悟（只有多参与，探究才能突破教学重难点），提高教学效率。同时通过信息化技术的手段让实验现象更直观，更具有震撼力，学生必定终生难忘。

名师点评

本节《声音的产生和传播》教学案例包含了三个教学片段，片段1是课堂的引入活动，片段2、3是授课过程，三个片段均以信息化技术为手段，以问题式启发课堂整合模式来设计的，同时通过与手机构建课堂的演示来实施教学，大大提高了课堂效率，增强了实验的可见性。三个片段均充分体现了探究过程，在教师的指导下，学生在学习中自主发现问题、探究问题、获得结论，使学生从"学会"转化成"会学"，成为学习的真正主人，教学效果良好。

同时在课程的引入方面融入了创客教育的STEAM教育理念和TRIZ萃智理论，充分发挥学生的想象力，二者的结合相辅相成，通过教学，培养学生的想象力、创造力以及解决问题的能力。最后还借助Arduino开源芯片创作新的创客作品——超声波身高电子测量仪，寓教于乐。

本节课使用了许多高科技技术，可以有效地提高学生的学习热情，活跃课堂气氛。在声音的传播这个环节，潘老师是通过播放视频的方式说明真空不能传声的。我认为这个实验最好能在课室做一做，如此，学生对真空不能传声会有更加深刻的印象。

《声音的特性》课堂实录与思考

2014年11月，笔者参加了佛山市第二届物理教学基本功大赛，比赛课题是"声音的特性"。在本节课的教学设计中，学生通过听、看、想、做等活动，来感知声音的特性，并能在实践中分辨这些特性，取得了良好的效果。

教学片段1：课堂引入

师：各位同学，你们好！我是来自石门实验学校的戴鑫贻老师，很高兴今天有机会和大家共同学习，希望我们能合作愉快，谢谢大家！（鞠躬）

同学们，我们生活在丰富的声音世界里，大自然无时无刻不在为我们演奏着美妙的声音，我们本身也在制造着各种不同的声音。现在我们看一下讲台上，你能看出来这是什么吗？

生：啤酒瓶。

师：事实上，它还是一把琴，你们信吗？

生：信！

师：看来大家对我非常信任！8个啤酒瓶里装着不同量的水，接下来我将利用这个水瓶琴给大家演奏一小段音乐。（演奏热门歌曲《小苹果》）

图1　啤酒瓶

已经听出来是哪首歌曲的同学可以跟着旋律哼出来。相信大家都已经听出来了，这是什么歌曲？

生：《小苹果》。

师：水瓶琴之所以能够演奏出《小苹果》，是因为每个瓶子发出的声音不同。为什么声音会不一样呢？这就涉及我们今天学习的内容——声音的特性。

思考：通过自制教具"水瓶琴"，结合韵律极强的热门歌曲《小苹果》，巧妙地将生活中常见的啤酒瓶转变为能演奏音乐的"琴"，在激起学生兴趣的同时，也能引发学生的好奇心与思考——为什么装有不同水量的啤酒瓶能发出不同的声音呢？

教学片段2：探究影响音调高低的因素

师：我们重新再来听一遍水瓶琴发出的声音。当我用相同的力度敲击不同水量的瓶子时，大家留心去听，（教师演示）它们发出的声音相同吗？

生：不同。

师：哪位同学可以描述有什么不一样的地方呢？

生1：声音的高低不同。

投影：在物理学中，把声音的高低称为音调。

师：那究竟是什么因素影响了音调的高低呢？

事实上，我们可以借助身边最常见的尺子进行探究。当我把钢尺平放在桌子的边缘，用左手掌压紧，用右手向下拨动钢尺，你能听到声音吗？

生：能。

师：假如调整钢尺伸出桌面的长度，用相同的力度拨动钢尺，音调是否发生改变呢？

生：有。

师：同时钢尺振动有没有发生改变呢？

生：有。

师：发生了什么改变呢？

生2：振动快慢不同。

师：接下来，两位同学为一个小组，其中一个同学把钢尺平放在桌面上，用手掌紧压桌子的边缘，依次调整钢尺伸出桌面的长度大约为1/2和1/3，另一个同学用拇指拨动钢尺，观察钢尺振动快慢是怎样改变的。你听到的音调是怎样变化的呢？在1分钟内完成探究实验并填写PPT上的表格。

表1　钢尺振动

钢尺伸出桌面的长度	振动的快慢 （选填"较慢"或"较快"）	音调的高低 （选填"较低"或"较高"）
约1/2的钢尺伸出桌面		
约1/3的钢尺伸出桌面		

分小组分享观察到的实验现象。

师：你们小组根据探究结果得出来的结论是什么呢？从表格中可以看出是什么因素影响了音调的高低呢？

生3：发声体振动得越快，音调越高；发声体振动得越慢，音调越低。

师：其他同学是不是也是一样的呢？我再请一位同学来分享一下他的探究结果。

生4：也是一样的。

师：还有其他不同的答案吗？

生：没有。

师：归纳得非常准确，我们把掌声送给这两位同学。

投影：在物理学上，我们把发声体每秒钟振动的次数叫作频率。

师：发声体每秒钟振动的次数越多，我们就说振动的频率越高，这时发声体振动得越快还是越慢呢？

生：越快。

师：音调越低，发声体每秒钟振动的次数越少，我们就说振动的频率就越低，这时发声体振动得越……

生：越慢。

师：为了纪念伟大科学家赫兹对物理学做出的贡献，我们把频率的单位称为赫兹，符号为Hz。

所以事实上，我们的实验结论还可以换另外一种说法。你能不能利用频率的高低代替振动的快慢，重新描述这个结论呢？

生5：频率越高，音调越高；频率越低，音调越低。

思考：通过用相同的力度敲击不同水量的瓶子，引入音调的概念。学生分组进行实验探究"钢尺振动快慢对声音音调的影响"，让学生知道音调决定于发声体振动的快慢，发声体振动的快慢用"频率"来表示。当第一组学生分享完实验结论后，笔者不急于下定论，而是让其他小组的学生分享自己的看法，经过多次论证后才得出最终结论，目的是让学生感受到科学探究过程的严谨性。

教学片段3：关于影响响度大小因素的猜想

师：我们重新再回来观察水瓶琴，当我用力敲和轻敲同一个瓶子时，你觉得听到的声音会不会是一样的呢？大家留心听，轻敲时和用力敲时，声音听起来一样吗？

生：不同。

师：有什么不同的地方呢？

生：声音的大小不同。

投影：物理学中，把声音的强弱叫作响度。

图2　喇叭

师：那究竟什么因素会影响响度的大小呢？答案就在我的手上！接下来这杯水将用它的舞蹈给大家完美地诠释答案。

现在我把水倒在音响的喇叭上，音响本身是密封的，水不会进入电路，也不会对音响造成破坏。

请欣赏——会跳舞的水！

你知道水为什么会跳舞吗？

生：音响表面的塑料膜或者金属膜在振动。

师：当增大音响的响度，你观察到什么实验现象呢？

生：音响的响度越大，水跳动得越高，越剧烈。

师：水跳动的高度的变化说明了什么呢？

生：水跳动得越高，说明塑料膜振动的幅度越大。

师：哪位同学可以分享你得到的初步猜想呢？响度的大小与什么因素有关呢？

生：振动幅度越大，响度越大。

思考：与传统教学中通常采取敲击鼓面观察纸屑跳动相比，本环节笔者设计了自制教具"会跳舞的水"，将红墨水倒在防水喇叭上，结合高清投影仪，播放动感音乐，生动形象地展示出振幅与响度之间的关系。

教学片段4：音色

师：根据音色除了可以判断不同的乐器，在平常生活中，我们也是根据音色区分不同的人，达到"未见其人，先闻其声"的效果。

接下来，我们来玩一个小游戏，叫作"猜猜我是谁"。我想请一位同学蒙上他的眼睛，背对着大家站在讲台中央，然后再请另一名同学站在中间的过道上大声喊他的名字，最后让站在讲台上的同学猜一下，究竟是谁在喊他的名字。

教师根据学生的不同表现做出应对。

情况一：学生过于拘束，喊的声音过小。

师：现在站在过道上的同学声音太小了，导致站在讲台上的同学听不出是哪位同学在喊他的名字，说明是声音的哪个特性影响了结果？

生：响度。

情况二：学生之间不熟悉导致听不出。

师：现在讲台上的同学听不出是哪位同学在喊他的名字，说明他对讲台下同学的音色熟不熟悉呢？

生：不熟悉。

情况三：学生故意模仿其他声音，混淆视听，讲台上的学生听不出。

师：现在讲台上的同学听不出是哪位同学在喊他的名字，是因为讲台下的同学非常聪明，通过模仿不熟悉的音色来混淆讲台上的同学的判断。

情况四：学生故意模仿其他声音，混淆视听，讲台上的学生还是听出来了。

师：大家有没有发现刚才在过道上的同学故意模仿不熟悉的音色企图扰乱

讲台上同学的判断，结果讲台上的同学对他的音色还是太熟悉了，一下子就听出来了。

思考： 声音的三个特性中，学生对音色的定义较为陌生，但对音色在生活中的应用感性认识最为丰富。本环节通过趣味性极强的游戏"猜猜我是谁"，让学生对应用音色分辨不同人、不同物体有更深的认识。

名师点评

本节课设计合理，重点突出，学生参与度高，是一堂高水平的物理课。戴老师通过敲啤酒瓶引入新课是本节课的亮点之一。一上课就吸引了学生的注意力，大大提高了学生的学习热情，并且与所学内容联系紧密。不过可不是人人都有这样的技术（敲出一首曲子），想要学习的教师可以向学生请教，学生会很愿意教老师。通过水的舞蹈来探究响度与振幅的关系是第二个亮点。通过水的振动可以更加直观地帮助学生理解响度与振幅的关系，让人印象深刻。戴老师设计的最后一个环节，通过小游戏来学习音色，很有趣，可以提高学生的学习热情。同时戴老师也考虑到了可能遇到的各种情况并给出了相应的解决方案，可操作性强，效果好。

通过有趣的实验或者活动可以有效地提高学生的参与度，提升学生学习的热情，但也要避免学生上课很开心、课后什么也不记得的情况。通过各种活动或实验后得出的结论应该及时写在黑板上并加以练习，以巩固所学内容，有助于提高学习效果。

《声的利用》课堂实录与思考

本节教学是通过播放视频和小组合作探究学习等方式，使学生学会运用所学知识分析问题、解决问题，不断培养学生的创新意识和创造能力。

教学片段1：创设情境引入新课

观看"电闪雷鸣"的视频片段。

师：看到这个视频我们想到了什么？请举手抢答。

生1：可能快下雨了。

生2：可能会刮大风了。

教师接着播放"电闪雷鸣后下雨"的视频片段。

师：我们听到打雷就知道快要下雨了，说明从声音可以获取很多信息。日常生活中还有哪些事例能说明这些现象呢？

生1：妈妈能从婴儿的啼哭声中发现宝宝情绪的变化。

生2：我们能从铃声的响起判断上课还是下课。

生3：老师叫"上课"，我们全部站起来。

师：非常棒！掌声鼓励！这些事例是利用声音来传递什么？

生1：传递信息。

师：这就是声的利用。（板书）

思考：通过视频和生活中的事例引入新课，把学生的注意力迅速地吸引到课堂上。

教学片段2：声音可以传递信息

师：日常生活中，能说明声的利用的事例还有哪些呢？我们小组讨论一下。

师：好，时间到，下面请第一小组的同学回答。

生1：老师叫我了，这是声音传递信息。

师：反应挺快的，各位同学，这位同学说的对不对？

生（一起回答）：对。

师：好，掌声鼓励！还有哪些事例呢？

学生踊跃回答。

师：请观看视频"火山喷发"。（看完后问）刚才大家有没有听到声音？

生1：没有听到。

生2：火山喷发应该没有声音。

师：那火山喷发是不是本来就没有声音呢？请阅读教材第38页再回答。

生1：不但火山喷发有声音，地震、台风、海啸等都伴有声音，只是它们发出次声波，我们听不到。

师：对，使用灵敏的声学仪器就能接收到它们产生的次声波。这些事例都说明声音能够传递信息。（板书：声与信息）

教师说明环境保护和可持续发展的重要性。

教学环节：播放蝙蝠活动的视频，然后介绍蝙蝠的"绝技"。

师：利用蝙蝠的"回声定位"，科学家发明了"声呐"。

演示"自制倒车雷达"。

师：倒车雷达是根据什么原理制成的？

生1：蝙蝠的"回声定位"。

思考：教学过程中要及时对学生表现出色的地方进行表扬，鼓励更多的学生积极回答问题。

教学片段3：声音可以传递能量

播放B超的工作视频，说明声音可以传递信息。

演示实验"扬声器旁边晃动的烛焰""会跳舞的小米粒"。

教师改变扬声器的音量，观察扬声器旁边的烛焰的情况。

教师改变扬声器的音量，看看扬声器上的米粒跳动的情况。

师：这两个实验还是说明"声音传递信息"吗？

生1抢答：不是，是声音传递能量。

师：对，这是声音传递能量。（板书：声与能量）

播放视频"超声波清洗机清洗眼镜""超声波洗牙""超声波碎石"等。

师：这些现象说明了什么？

生（一起回答）：传递能量。

视频播放"科学世界"——北京天坛（介绍声音的利用，并对学生进行爱国主义教育）。

思考：通过实验让学生真切地感受到声音可以传递能量，并进行爱国主义教育。

教学片段4：反馈——课堂训练

师：现在看看我们知识掌握的情况。请完成讲义中"巩固应用"部分的练习，时间5分钟。

学生完成练习，教师巡视检查。

师：时间到！请各小组同学以"开火车"的形式分别说出练习题的答案，大家若有不同意见请提出质疑。

思考：课堂练习及时反馈，了解学生的掌握情况。

教学片段5：学生小结

师：通过这节课的学习，同学们有什么收获？你们还有什么疑问？请用思维导图把本节课的知识内容自己小结一下，并对本节课知识进行梳理消化。

教师巡视指导并展示学生的思维导图。

师：通过这节课的学习，我们了解了"声与信息"和"声与能量"。是不是所有的声音都对我们有利呢？下一节内容就会告诉我们。我们下节课见！下课！

生：谢谢老师！老师再见！

思考：巧妙地利用思维导图进行知识总结。

👤 名师点评

本节课立足于学生的学，教学活动丰富多样，通过视频播放，使学生更加直观地了解声的利用。教学流程清晰，针对性地对问题思考做出了引导。教学方法生动、灵活、有效，能激发学生参与学习的兴趣，引导学生积极地进行探究，培养了学生分析问题、解决问题的能力。通过"自制倒车雷达"实验使学生乐于实验，乐于思考，培养学生的创新意识和创造能力。以"思维导图"的形式，使学生学会小结，学会创新，更好地掌握相关知识。

《噪声的危害和控制》课堂实录与思考

本课是2017年9月笔者向全校教师开设的一堂公开课。本节课的教学内容不多，学生较容易掌握，大大地提高了学生学习物理的兴趣和信心。笔者认为教学侧重点应放在如何活跃课堂气氛，调动学生的积极性和如何处理好教学环节以取得实效上。为此，笔者动了不少脑筋。

教学片段1：课堂引入

师：上课前我们先来听以下这两种声音Snowdreams和《噪声》，（利用电脑自带软件播放器播放并选中显示波形）请同学们认真感受和观察它的波形。

生：Snowdreams听起来感觉比较舒适，它的波形比较有规律。《噪声》听起来感觉有点让人烦躁，波形很乱。

师：好，这节课我们便来探讨噪声的危害和控制（板书课题）。我们先了解什么是噪声。请同学们看学案第1页，结合教材自主完成知识板块一。（调用计时器3分钟倒计时）

思考：通过听不同声音和观察波形图让学生直观地感受乐音和噪声的区别，同时激发学生的学习兴趣和信心。

教学片段2：噪声强弱的等级和危害

学生自主完成知识板块二。

（板书：知识二：噪声强弱的等级和危害）

师：人们以什么为单位来表示声音强弱的等级？符号是什么？

生：分贝，符号是dB。

师：声音有哪些等级？

生：0dB、30dB、50dB、70dB、90dB。

师：这个是什么？（手上拿着分贝仪）

生：分贝仪。

师：你们觉得刚才谈论时、安静时、大声喧哗时大概能达到多少分贝呢？（将分贝仪放在实物投影下）

生：50dB左右。

师：是不是这样的？请同学进行谈论并观察分贝仪的数值。

生：70dB、50dB、90dB。

师：为了保护听力，声音不能超过多少分贝？

生：90dB。

师：噪声的危害有哪些呢？让我们看看以下报道（播放视频）。

学生观看视频。

师：在安静的环境里，测量你的脉搏在半分钟内跳动的次数，在声音过大的环境里，你的脉搏有变化吗？测量一下。如果长期处于这种变化，会对我们健康产生什么影响？

生：神经衰弱、头痛、高血压。

师：既然噪声会对我们产生危害，我们应该怎样去控制这些噪声呢？视频中说尽可能少鸣笛又是通过哪些途径控制噪声的？带着问题自主阅读教材第44页，并自主完成知识板块三（时间为5分钟）。

（板书：知识三：噪声的控制）

教师巡堂了解学生完成情况。

思考：声音强弱的等级是比较抽象的，通过创设情境，分贝仪实物投影让学生真实感受声音强弱的等级，活跃了学习气氛。这节课十分贴近学生的生活，很好地体现了让学生"从生活走向物理，从物理走向社会"的理念，同时还增强了学生的环保意识，这对解决当今社会面临的日趋严重的噪声污染问题很有帮助。播放的新闻视频报道很生动，让学生深刻意识到噪声污染无形中带给我们的危害。最后通过一个小活动，在创设的不同环境中测量心跳的变化，活用知识，引导学生认识控制噪声的重要性。

教学片段3：噪声的控制

学生自主完成知识板块三。

师：好，时间到。声音从产生到引起听觉反应有哪些阶段？

生：声源振动 → 空气等介质的传播 → 鼓膜振动。

师：根据对应的阶段，我们得到的控制噪声的途径有哪些？

生：①防止噪声产生；②阻断噪声传播；③防止噪声进入耳朵。所以，尽可能少鸣笛是通过防止噪声的产生来控制噪声的。

师：防止噪声产生，也相当于在声源处减弱噪声，那么阻断噪声传播和防止噪声进入耳朵分别可以怎么表达呢？

生：在传播过程中减弱噪声，在人耳处减弱噪声。

师：很好！老师希望同学们在教材上做好笔记。

学生做笔记。

师：有哪位同学愿意来分析一下以下情境，A、B、C同学分别采取了哪些措施控制噪声？

生：A同学起身关上门窗，阻断噪声传播，也即在传播过程中减弱噪声；B同学索性用被子把头蒙上睡，防止噪声进入耳朵，也即在人耳处减弱噪声；C同学拨打110，防止噪声产生，也即在声源处减弱噪声。

师：分析得很好，此处是不是应该有掌声？

学生鼓掌。

师：请同学们完成"练一练"（1）（2），时间为3分钟。

学生自主完成练习，教师巡堂了解情况。

师：时间到，第（1）选什么？

生：C。

师：有没有其他答案？

生：没有。

师：很好，恭喜你们答对了。

教师根据巡堂，找到第（2）题有错的学生，并投影该生的答案。

师：你们赞同他的答案吗？

生：不赞同！摩托车的排气管安装消声器，我认为是在声源处减弱噪声，而不是在传播过程中。

师：这位同学分析得很到位。摩托车的排气管安装消声器是在声源处减弱噪声，这个是易错点，希望同学们做下标记。

师：同学们，这节课你有什么收获？

生：了解到噪声的定义和来源，噪声强弱的等级单位是分贝以及噪声的控制。

思考：学生在明白了噪声的危害后，很自然地想到要减弱噪声对自己的影响。这一知识点是本节课的重点。那么如何减弱噪声呢？教学中创设了一个情境：深夜，学生已经入睡，校外的卡拉OK歌舞厅还在营业，歌声吵醒了一些同学，A同学起身关上门窗，B同学索性用被子把头蒙上睡，C同学拨打110，请110制止歌舞厅过大的歌声。学生通过"议一议"，认识到控制噪声有三个方面。在教学中，合理、适时地创设了情境，激发了学生学习的兴趣，把物理知识和生活实际联系起来，沉寂的物理课堂变得充满生机。

名师点评

本节课与日常生活息息相关，看似熟悉简单，实际要上好这节课，难度还是很大的。作者经过反复的磨合思考，把这节课上得非常精彩。尤其是教学片段2，噪声的强弱与等级是比较抽象的，作者通过分贝仪，让学生亲身感受不同噪声等级及其危害的程度，让学生在轻松愉快中提高了学习效果。通过本课堂实录与思考，相信教师们对本节课的授课会有更进一步的把握，从中获得启发。

《温度》课堂实录与思考

温度计是实验必须掌握的测量工具，会使用它是后面学习的一个基础。本课地位重要，但难度不大。根据教学目标，可在这节课设计一系列的活动让学生观察、探究、体验、实践，总结温度计有关的知识。不过，笔者认为也正是这样的特点，这节课如果教学目标主次分不清，环节衔接处理不好，且想在这节课展现更多出彩的地方，设计的活动过多，一旦教学推进拖沓，非常有可能完成不了教学任务，尴尬下课。下面就是笔者为温度计这节课设计的案例实录。

教学片段1：引入新课

PPT播放两张环境冷热的图片。

师：请问同学们身处图一中，你们感觉怎样？

生：热。

师：请问同学们身处图二中，你们又感觉怎样？

生：冷。

师：所以说，热就是指温度怎么样？

生：高。

师：冷就是指温度怎么样？

生：低。

师：所以温度就是表示物体的什么？

生：冷热程度。

（板书：第四章热现象）

（板书：物体的冷热程度叫温度）

师：我们判断温度常凭感觉，如用手摸脑门来判断体温的高低，感觉可靠吗？我们来做一个实验。

实验：每位学生桌上备有0℃、25℃和50℃的三杯水。请学生按教材第47页图41的方法进行实验。将左、右两手的食指分别放入冷水和热水中，然后先把左手食指放入温水中，再把右手食指放入温水中。

师：中间这杯水是冷还是热呢？

生。左手觉得热，右手觉得冷。

师：看来靠感觉不能准确地判断温度的高低。要准确地判断温度高低须采用工具来进行测量。测量温度的仪器叫温度计。今天我们将学习温度计和它的使用方法。

思考：创设情境，联系实际，引导让学生提炼出温度计的概念，且回归生活，从当堂演示实验说明人们对温度的判断不够准确，需要使用温度计，会用温度计测量温度。

教学片段2：温度计

师：请同学们拿起桌上的温度计，观察它的构造。（展示温度计的结构挂图或投影）

师：请这位同学按从外部到内部，从下到上的顺序描述一下温度计。

生：外部有玻璃外壳，下边是个玻璃泡，上边是个内径很细的玻璃管，管上有刻度和符号℃，内部有红色（或银白色）液体。

师：现在你们用手轻握住温度计下端的玻璃泡，观察温度计中液柱在细管中的变化。（停1分钟）

师：看到什么现象？你能解释这个现象吗？

生：看到液柱在细管中上升，液体受热膨胀了。

师：手的温度比玻璃泡高，热从手传给玻璃泡，玻璃泡里的液体受热膨胀，液面升高，从液面处的刻度就可读出温度值。

师：把手松开，继续观察温度计中液柱在细管中的变化。（停1分钟）

师：看到什么现象？说明了什么？

生：看到液柱在细管中下降，说明液体温度降低，变冷收缩。

师：根据这两次实验，我们能总结出温度计测量温度的原理吗？

生：利用液体的热胀冷缩。

［板书：（1）测温原理：利用液体的热胀冷缩］

师：请大家继续观察温度计，其中有0℃和100℃两个刻度和符号℃。℃代表摄氏温度。摄氏度是怎样规定的？0℃和100℃又是如何规定的？

[板书：摄氏温度（℃）]

（1）摄氏温度的规定。

（2）单位：摄氏度，符号℃。

教师介绍摄氏温度。

师：怎样用温度计正确地测量物体的温度呢？使用温度计测量温度和使用刻度尺测量长度有许多相似之处。大家先回想一下刻度尺使用时的四步程序。

生：认、量、读、记。

师：只要是使用带刻度的测量仪器，都可以按这四步进行。用温度计测量物体的温度时，这四步的具体内容是什么呢？大家先看教材第49～50页课文及插图，然后结合使用刻度尺测量的四步程序总结使用温度计的四步程序。

学生看书三四分钟，以问答方式同时板书或利用投影，总结出以下内容。

（板书：温度计的使用方法）

师：认清三要素：零刻度线、量程、分度值。（学生画书了解量程、分度值的含义）

使用前：认清单位：摄氏度（℃）。

使用时：①量：（玻璃）泡要全没入，不碰底和壁，放入稍等候，（示数）稳定再读数；②读：（玻璃）泡留液体中，视线与（液）面平；③记：记录温度值，标明单位。

实验1：用液柱可动的温度计模型或用Flash课件练习温度示数的读法、写法

师：（将液柱移到某一位置）现在温度计的示数是多少？怎样读？怎样记录？

生：23摄氏度，写作23℃。

师：（将液柱移到0摄氏度以下某一位置）现在温度计的示数是多少？怎样读？怎样写？

生：负4.5摄氏度，写作-4.5℃。

师：如读成负45度或摄氏负45度行吗？

生：不行。摄氏度是在一起的，不能分开。

师：读成零下45摄氏度行吗？

生：可以。

师：教材中介绍的是三种常用温度计。请在教材中标出它们的量程、分度值。

学生写下三种常用温度计的量程、分度值并小组交流答案。

实验2：用温度计测室温

师：请同学们用桌上的温度计测量教室里的温度和烧杯里水的温度。注意正确使用温度计。

学生测室温，教师巡视。

师：现在教室的室温是多少？

生：21摄氏度。

师：请看教材第48页图43，太阳表面的温度是多少？

生：5500摄氏度。

师：火箭燃烧室内燃气的温度是多少？

生：3400摄氏度。

师：液态空气的沸点是多少？

生：负192摄氏度。

师：宇宙中最低温度可接近零下273℃，这个温度叫绝对零度。以绝对零度为起点，每度大小和摄氏度大小相同的温度叫热力学温度。这是另一种表示温度的方法。

实验3：用温度计测热水的温度

（出示图1的投影）

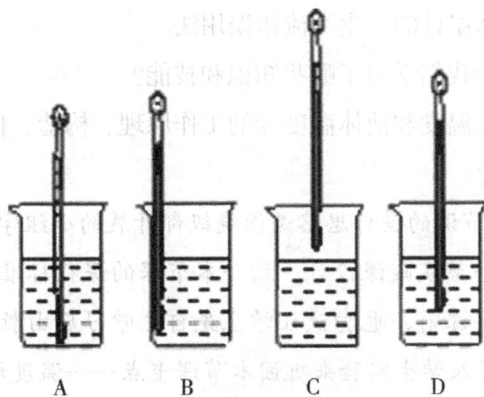

图1　温度计测热水实验

师：如图1所示的测量液体温度和读数的方法中，哪个正确？哪个不正确？为什么？

生：D是正确的，温度计玻璃泡全部浸入被测液体中，不碰杯底和杯壁。A、B、C都是不正确的，A的温度计碰到了杯底，B的温度计碰到了杯壁，C的温度计玻璃泡未浸入液体。

师：我们现在要用温度计来测水温，测量前一般都要先估测一下水的温度。估测温度也有一个口诀：一看、二靠、三触。首先是看，看物体是否烧得发红发白，烧红的铁块温度高达几百到一千摄氏度；其次是靠，用手背或手指背靠近被测温的物体，以是否有被"烤"的感觉来判断物体的温度，使手有"烤"的感觉的物体，其温度是一百到三四百摄氏度；最后是触，用手指短时间"触一下"被测物体，用体温和被测物体的温度相比较。

师：现提供了三种常见的温度计供大家选择完成任务。

实验要求和步骤：

（1）每次测量前都要先估测温度再实测温度，并把估测和实测的温度填入表中。

（2）学生开始实验，教师巡视、指导。注意检查温度计使用是否规范，记录数据是否准确。

（3）先找出两组估测值和实测值最接近的实验结果，填入表中，并给予表扬。

（4）根据学生在实验操作中出现的错误进行讲评。特别是让用体温计测量热水温度且损坏了体温计的学生交流错误用法。

师：在本节课中我们学习了哪些知识和技能？

生：温度、摄氏温度和液体温度计的工作原理、构造、使用方法。

教师：布置作业。

思考：（1）本节课的设计思路是围绕级部开展的小组学习与围绕学校的预展评模式而展开的一节实践课设计，结合本节课的课程标准要求，笔者大胆地将教材的实验放到了课前，也尝试让学生先自主学习后由教师做引导推进课程内容的学习，并且引入学生实验来巩固本节课重点——温度计的使用。

（2）本节课充分调动了学生的小组互助，无论是自主学习部分的统一答案还是组员问题，都安排了时间让小组内共同学习、讨论，再配以媒体的辅助。

这样的做法能将学生自学可以过关的内容简单点明后利用更充裕的时间来学习重点知识，使重点更加突出。

（3）亮点的地方就是引入学生实验，对温度计使用注意事项通过问答形式加强后实践测量热水温度。要求学生先估测水的温度后，经历几次不同时间段的测量热水到温水的温度过程，达到熟悉温度计的使用目的，还可以回应课前让学生完成的实验得到的结论：人的感觉不准确。

整节课重点、难点突出，教师讲课时间控制得好，学生有充足的时间进行堂上练习并完成讲评，及时检测出学生的掌握程度。

名师点评

温度计、刻度尺、天平、量筒、弹簧秤是本学期要学习的五种带刻度的测量仪器。它们在使用时既有共同的操作程序，又有各自不同的特点。本节课教师运用学习的迁移规律，把温度计的使用方法和刻度尺的使用方法联系起来，将刻度尺使用的认、量、读、记四步操作程序迁移到温度计的使用上来，既节省授课时间，使学生容易掌握正确使用温度计的方法，又为学习天平、量筒、弹簧秤的使用打好基础。把带刻度值量具的使用方法统一规范化，使学生掌握实验技能。《温度》一课，学习难度不大，可设计的活动多，展现学生动手动脑的机会多，在此过程中培养了学生的合作精神，形成生生互动、师生互动的信息交汇网，提高学习效率。

《熔化和凝固（1）》课堂实录与思考

这节课的内容比较多，且难点对于学生来说很抽象，又是动手操作，所以备课难度还是很大的。为此，笔者动了不少脑筋，也采用了很多方法，收效不错，但也存在许多问题。以下是笔者上这一节课的教学片段以及对每个环节的思考。

教学片段1：课堂引入

师：我们周围的物质主要以三种状态存在，谁能举例说一说是哪三种状态？

生：有固态，比如冰；有液态，比如水；还有气态，比如水蒸气。

师：同学们都很聪明。在自然界中，物质主要以固态、液态、气态这三种状态存在，而且这三种状态还可以相互转化，你们发现了没有？（课件展示）

生：发现了，冰可以变成水，水也可以变成冰。

师：说得很对，物质的状态不是一成不变的。当物体温度发生变化时，物质的状态也往往会发生改变。我们在物理上就把物质各种状态间的变化叫作物态变化。今天我们先来学学固态与液态之间的转化。

思考： 学生已在小学科学课时接触过自然界常见物态的概念，也有生活经验，在学生已有的知识储备的基础上，就可以顺利引导学生去理解什么是物态变化，为后面学习熔化与凝固的概念做铺垫。

教学片段2：熔化与凝固的定义

师：我手中有一根蜡烛，点燃后吹灭，你们观察蜡烛的状态来回答下面的问题：一般情况下，蜡烛是什么状态？点燃受热后变成蜡滴呢？蜡滴掉在桌面以后呢？

生：蜡烛一般是固态，点燃后产生的蜡滴是液态，而蜡滴一会儿就会变成固态。

师：在物理上，我们把固态变成液态的过程定义为熔化，注意"熔"字的写法；而把液态变成固态的过程定义为凝固。生活中还有哪些关于熔化和凝固的例子呢？

生：冰变成水是融化过程，水变成冰是凝固过程。铁水凝固成铁块，铁块熔化成铁水。（课件展示例子）

思考：通过简易小实验创设情境，通过师生良好互动，让学生去思考感悟问题，达到自主构建知识的目的，从而实现"从生活走向物理，从物理走向社会"。

教学片段3：探究实验过程

师：不同物质在由固态变成液态的熔化过程中，温度的变化规律相同吗？

生：应该不相同。固态的铝、铜、铁等金属，在温度很高时才会变成液态。冰融化成水不用很高的温度。

师：不管在很高温度还是不太高的温度时变成液体，是不是都需要给物质加热？

生：熔化过程中一定要加热。刚刚蜡烛有火焰加热的时候才有蜡滴。

生：不一定都需要给物质加热，冰融化成水时没有加热。

师：熔化过程中给物质加热，这时温度是不断上升，还是不变？

生：不断上升/不变。

师：刚才问的三个问题其实就是今天我们这节课主要研究的问题，即固体熔化时温度是怎样变化的，熔化需不需要吸热等问题。要想解决这个问题我们就需要做实验。这个就是我们进行实验的装置。请大家阅读教材，然后按从下到上的顺序指出这个仪器的名字。

生：铁架台、酒精灯、铁圈、石棉网、烧杯、试管夹、试管、温度计。

师：为什么要在烧杯底部垫上石棉网，有什么作用？

生：使烧杯均匀受热。

师：对，石棉网能防止火焰仅在中心部分加热导致烧杯总体受热不均匀，石棉网就是使烧杯均匀受热。再来想想为什么要把药品放在试管中，然后再把试管泡在有水的烧杯中？

生：均匀受热。

师：没错，这种方法我们称之为水浴法，作用与石棉网差不多，都是为了使药品均匀受热。我们再来聊聊酒精灯的正确使用方法。看看课件上的三幅图，哪一幅图是正确的？

生：第二幅图是正确的。

师：嗯，大家了解一下关于如何正确使用酒精灯的方法，等一下使用的时候要谨记使用方法。好了，现在我们小组分工合作。第一、二大组的同学负责做的实验是硫代硫酸钠的熔化实验；第三、四大组的同学做石蜡的熔化实验。现在大家相互讨论，利用桌子上的仪器，结合学案的课前预习部分先制订你们组进行实验的方案：怎么去做，观察什么，记录什么。

学生小组讨论，交流反馈，教师巡视并指导。

学生介绍实验方法。

师：其他组对于这些方案有没有补充？老师觉得同学们介绍的方案可行，那我们就按照这两个方案来做实验，把你们的实验数据及时填到学案中。

确定方案后，宣布开始分组实验，教师巡视，随时指导、帮助学生解决问题。

师：实验结束，请各小组整理好实验器材，整理后请大家看课件这里。我们需要利用数据作出温度和时间的曲线图，这样就能从曲线图中得出规律。这个曲线图老师给你们演示一遍。（在黑板上演示）第一，先描点。对着表格的数据，一个点一个点地描。第二，用光滑线连接各点，尽量让更多的点在曲线上，这个过程大家明白了吗？

生：明白了。

师：做好图之后小组进行讨论，根据图像呈现的信息总结硫代硫酸钠和石蜡在熔化前、熔化中和熔化后三个阶段的温度特点以及得到什么规律。

学生进行曲线图的描绘，处理完后进行小组讨论；教师巡查，给予指导。

师：请两大组的小组各派一名代表把你们的实验数据处理过程展示给大家。注意观察硫代硫酸钠的熔化曲线图，你们有什么发现吗？

（帮学生把图分解为三个过程）

生：在AB段时，硫代硫酸钠温度不断升高，但未熔化；在BC段时，硫代硫酸钠不断熔化，但硫代硫酸钠的温度却保持48℃不变；在CD段时，硫代硫酸钠完全熔化，温度继续上升。

师：解说非常到位。（掌声鼓励）其他组有没有补充的？

生：没有。

师：这个就是硫代硫酸钠熔化的特点。我们要补充的是B点和C点的硫代硫酸钠状态以及信息，还有BC这一段的状态是固液共存状态。除此之外，我们把这段温度不变对应的温度定义为熔点，此时，海波的熔点是多少？

生：48℃。

师：根据上面的图像分析，我们可以得出硫代硫酸钠的熔化特点：①不断吸热；②熔化过程中，温度保持不变。那么，硫代硫酸钠熔化需要什么条件呢？怎样才能使它发生熔化？分析刚才的图像，AB段有没有在熔化？

生：没有。

师：那什么时候熔化了？

生：当它温度达到48℃时才开始熔化。

师：所以可以总结出，达到一定的温度才开始熔化。如果温度刚好达到48℃，便停止酒精灯加热，它还会继续熔化下去吗？

生：不会。

师：所以还需要继续加热，那硫代硫酸钠熔化的条件是什么？

生：温度达到48℃，继续吸热。

师：总结得非常好，也就是说，①达到熔点；②继续吸热。了解硫代硫酸钠熔化的规律之后，我们继续看石蜡的。请这组的代表谈谈你们组的讨论结果。

生：在给石蜡加热的过程中，石蜡逐渐由固态变成液态，在整个熔化过程中，石蜡的温度不断上升。

师：你们组得出石蜡熔化的特点是什么？

生：首先也是要不断吸热，接着温度不断升高。

师：石蜡的熔化过程有没有熔点？

生：没有。

师：其他组赞同吗？有其他补充吗？总结得很不错，简单归纳石蜡熔化的特点就是：①不断吸热；②熔化过程，没有确定的熔化温度。那么，石蜡熔化的条件是什么呢？

生：吸热。

师：没错，我们要想使石蜡熔化就直接让它不断吸热就行了。以上这些就是硫代硫酸钠与石蜡的熔化规律。其实在自然界中，也有许多物质跟硫代硫酸钠或者石蜡的熔化规律一样。我们把像硫代硫酸钠这种熔化过程中有确定温度即有熔点的固体定义为晶体；而熔化时没有确定温度的固体定义为非晶体。所以，我们的结论也可以扩展为晶体以及非晶体的熔化规律。

引导学生做笔记。

师：我们来认识一下生活中哪些固体是晶体，哪些是非晶体。（课件展示）

思考：这个教学环节既是整节课的教学重点，也是难点，对学生的动手能力和分析处理数据的能力要求很高，为此，笔者在让学生自主探究时先介绍实验器材及作用，并且讨论出方案，然后让学生明确要怎么做之后，才放手让学生去做实验。如果让学生连续做两个实验会很耗时间，所以笔者让学生分组完成两个实验，这样可以节省时间。在学生遇到难点时，及时加以指导。

教学片段4：归纳小结

师：请同学们来总结一下这节课学到了什么。

生：学到了熔化和凝固的概念，还有硫代硫酸钠和石蜡熔化的特点和条件。

生：什么叫作熔点，晶体与非晶体的定义，生活中的晶体和非晶体。

师：归纳得非常好！

思考：小结让学生自己去总结，有利于帮助学生自己去归纳、整理整节课的知识点，让学生形成一个系统化的知识框架。同时学生间互相补充知识点的方式，能再次激发学生的学习动机。

名师点评

本节课内容规律较多，又有探究实验，所以教学难度较大。教师以生为本、以疑为线、以启发为主、以拓展为目标，通过突出对学生实验能力的培养，将原来作为演示实验的"固体熔化过程"改成了学生实验，让每个学生参与活动、探究知识，培养学生理论联系实际的良好学风，激发学生的学习兴趣。在学生实验中，对学生进行了明确分工，搅拌、计时、观察状态变化、观察温度计示数。根据数据，学生会画出一幅曲线图，然后让学生理解整个曲线图中哪个阶段才是真正的熔化过程，将学生活动不断推向新的高潮，不仅教给了学生科学知识，更重要的是教会了学生科学探究的方法，这是这堂课学生最大的收获。

《汽化和液化》课堂实录与思考

2017年11月，笔者接到任务需要上一节校内的物理研讨课，根据课程计划刚好上到《汽化和液化》，对于这节课的知识，学生具有较为丰富的感知认识，但不能很好地建立知识体系，并且很难有效地把知识联系实际进行应用。于是，笔者意在通过从生活中的现象引入汽化与液化概念，通过实验探究汽化与液化的特点，总结规律，及时引导学生走向社会，了解汽化与液化的应用。在合作探究过程中，引导学生充分认识液体沸腾时的特点，并培养学生的动手能力和利用实验数据绘制图像并分析图像的能力。为了体验创新性，笔者在教学中应用视频和电子传感器等科技手段，让学生感受生活中的物态变化，激发学生对科学的好奇心和求知欲，培养学生探究未知世界的科学素养和科学精神。

教学片段1：课堂引入

师：前面学习了熔化和凝固，液态和气态之间能否进行相互转化呢？

生：能。

师：在塑料袋中滴入乙醇，挤出空气后扎紧口放入热水中。请观察现象。

学生争先恐后地举手抢答：塑料袋变大了。乙醇由液态变成了气态。

师：拿出来以后过了一会儿变瘪了，为什么？

生（惊讶地回答）：乙醇再次由气态变为液态。

师：同学们真聪明，知道不少科学道理。我们今天就来学习物质由液态变为气态这种物态变化。

（板书：汽化和液化）

（板书：物体由液态变为气态的过程叫汽化）

思考：首先进行复习提问，可以有效地巩固所学的内容，为本节内容做好铺垫，为学生形成知识体系打好基础。通过趣味实验来引入课堂，能够增强学生学习此模块的兴趣和欲望，以此达到营造出活跃的课堂氛围的目的，让学生更加积极地投入课堂学习当中。

教学片段2：探究汽化的特点

师：我们这节课先来学习有关汽化的知识，汽化的方式有哪两种？

生：蒸发和沸腾。

师：大家桌子上有酒精灯，前后四位同学为一组，用棉棒蘸点酒精擦到手上仔细观察并体会一下，告诉我有何发现和感觉。

生：酒精一会儿就干了，手还感觉凉凉的。

师：酒精干了说明什么？手为什么会有凉的感觉？

生：酒精干了说明酒精蒸发了，手凉是因为酒精温度低。

教师惊讶地问：你们的意思是酒精的温度比空气的温度低是吗？

两位学生异口同声：是的！

师：大家都是这么认为的？

有的点头，有的摇头，有的说不知道。

师：那我们有没有办法验证一下呢？

这时有个学生说：用温度计测一下就知道了。

师：这才是聪明的做法，大家验证一下吧！

学生急忙拿起温度计开始测量。

不一会儿，就听到学生说：酒精的温度和水的温度是一样的。

师：好！下面请测量酒精温度的同学把温度计蘸点酒精后从酒精灯中拿到空气中扇动一下，观察一会儿，看看温度计的读数有没有变化。

不一会儿，就有学生惊奇地喊道：温度计读数下降了！

师：大家讨论一下，说说这时为什么温度计的读数下降了。

生：酒精汽化吸热，所以温度下降。

听了同学的回答后，认为酒精凉的学生又抢着说，手上擦酒精有凉的感觉是因为酒精汽化吸热。

师（竖起大拇指笑着）：你说得很正确！通过实验验证知道汽化这一物态变化要吸热，说明物态变化伴随着能量的转移。

（板书：汽化——吸热）

紧接着教师出示自制的温度传感器，直观地演示传感器蘸取酒精后在空气中温度的变化。一开始温度不断下降，酒精蒸发后温度逐渐回升，学生不断地发出惊讶之声。

师：下面我们先一起来探讨有关蒸发的知识，由晒衣服提出猜想，利用老师给你们的仪器探究一下影响蒸发快慢的因素有哪些。分组讨论，由组长记录讨论结果。

教师按前后位置把学生分成六大组进行讨论。（教师给每组提供如下器材：酒精灯、吹风机、扇子、酒精、水、烧杯和几块湿布）教师巡视并不时参与任意一组的讨论，提醒学生一切猜想要用实验来验证。10分钟后让组长把讨论结果交到讲台上来。

教师把学生实验讨论得到的结果分别板书到黑板上：

温度、表面积、空气流速、液体质量、液体种类、空气湿度共六个因素。

在通过提问和举例把温度、表面积和空气流速等因素与学生达成共识后，教师又解释物理研究方法要用控制变量法，必须在同种液体质量相同的情况下来研究影响蒸发快慢的其他因素，从而把液体质量和液体种类这两个因素去掉。而空气湿度这一因素教材上没有提及，可让学生在课后查一下有关资料证实一下他们的猜想。

思考：实际教学中，许多教师认为这个知识模块较为简单，学生具有一定的生活常识，简单学习后均能理解，因而在讲解过程中会选择简单带过，直接告诉学生蒸发的特点及其与什么因素有关。其实不然，若只是简单记忆，学生对汽化的理解仍存在不少误区，如汽化吸热会降低物体表面温度，学生会存在认为物质本身温度较低的误解，现通过学生分组分模块探究实验，能够有效地使学生直观感知、验证汽化的特点，增强逻辑性。利用创新科技把创客思想融入物理课堂，培养学生的物理核心素养。

教学片段3：探究沸腾的特点

师：前面我们学习了蒸发的特点，接下来学习水的沸腾。注意观察沸腾前和沸腾时气泡产生的部位以及运动过程中大小的变化，观察水温度的变化并做好记录。（从90℃开始计时）

表1　温度变化记录

时间/min	0	0.5	1	1.5	2	2.5	3	3.5	4	4.5	...
温度/℃											
水中气泡 变化情况	沸腾前：										
	沸腾后：										

学生做实验的同时，教师利用温度传感器探究演示。

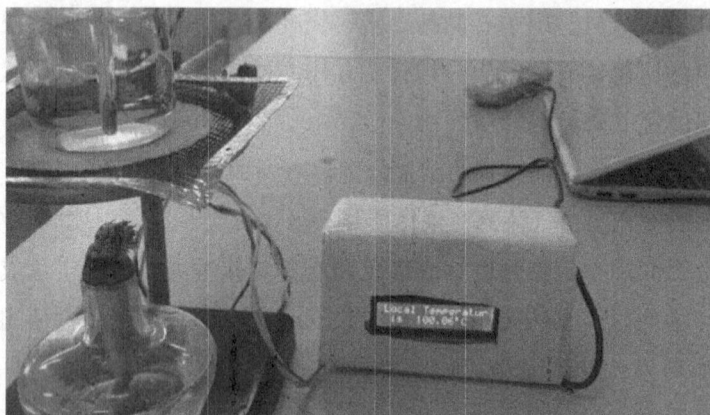

图1　温度传感器

师：好，探究时间到。请同学分享实验结论。

生：水在沸腾前，吸热，温度不断升高。

师：没错！还有其他特点吗？

生：水在沸腾过程中，吸热，温度一直保持不变。

师：总结得很好，有没有同学观察到沸腾时气泡的变化？

生：沸腾时，烧杯底部产生大量气泡，边上升边增大，到达液面后破裂。

师：真棒，观察得非常细致。

接下来做一个有趣的实验，用纸杯烧水，纸杯会不会被火烧着？

图2　纸杯烧水实验

思考：沸腾的探究实验充分调动了学生的积极性和主动性，课堂做到了动静结合："静"是在实验过程中观察气泡的变化情况，使学生全神贯注，培养学生细致入微的观察能力；"动"是在实验过程中学生主动对温度的记录和对数据的总结归纳，充分体现了学生的课堂主体地位，并且总结归纳时把沸腾与蒸发联系起来，有效地帮助学生进行横向的知识连接，全面地进行知识体系的建构。

名师点评

本节课教学设计主线知识清楚，重点突出，并结合温度传感器等高科技设备，使得实验结果更直观，还可以提高学生对物理课堂的学习热情。朱老师通过乙醇实验引入新课，实验效果明显，很好地激发了学生的学习热情，同时该实验与本节课内容紧密相关，自然引入新课。处理汽化吸热这个学习环节是本节课的亮点之一。一般的教师会简单地通过酒精滴在手背上，手背感觉凉，直接得出结论（汽化会吸热）。但朱老师认为这样还不够严谨，因为有学生可能会认为是酒精本身比较凉导致的。通过温度计实测酒精温度和自制温度传感器直观地观察到酒精汽化使温度降低。这样的严谨态度在探究影响蒸发快慢因素的环节中也有体现。这有利于提高学生的物理分析能力和更严谨的思维习惯。教学效果良好。

本节课的教学活动比较多，考验了教师与学生间的配合程度。教师要注意把握课堂节奏，不然一节课很难完成所有的教学环节。

《升华和凝华》课堂实录与思考

本节课需要学生掌握的知识点不多，难度也不高，主要是能让学生根据升华和凝华的概念去判断相关的物态变化以及利用升华吸热和凝华放热去解释一些生活中的现象。稍微有一点难度的就是多种物态变化的物理现象的分析。激发学生学习物理的兴趣，开阔学生的视野以及把物理知识与生活密切地联系起来是本节课的关键之处。怎样才能把这节课的内容上完后，让学生觉得既有趣又有用呢？以下就是笔者上这节课的课堂实录与思考。

一、激趣导标，引入新课

教学片段1：魔术引入课题

活动1：会自己变大的气球

把一块"冰"放入试管中，套上气球，气球立即鼓胀起来，请学生模仿操作一次并思考：为何会出现这种现象呢？

（板书：升华和凝华）

思考：（1）物理是一门以实验为基础的自然学科，本节课通过精彩的"魔术"实验导入，让学生观察到奇妙的现象，再通过自己动手和思考，几分钟之内就把学生的注意力集中起来，激发了他们的兴趣，使他们产生强烈的求知欲望，很好地调动了他们学习的主动性，为后面活跃的课堂气氛奠定了基础。

（2）做这个实验时，提醒学生不能直接用手取"冰"，避免冻伤手，这一悬念也可以在后面"升华吸热有制冷作用"的教学中进行简单的解析说明。

二、启思导学，新课讲授

教学片段2：升华和凝华概念及现象

活动2：碘升华和凝华

教材："想想做做"。

师：现在把碘锤放入盛热水的烧杯里，观察到什么现象？

生：固态碘不见了，看到试管内有紫色的气体生成。

师：这一现象说明了什么？

生：这说明固态的碘受热变成气态的碘蒸气。

师：将碘锤从热水中拿出，再放入凉水中，观察到什么现象？

生：紫色的气体不见了，试管壁上有黑色固态。

师：这一现象又说明了什么？

生：这说明气态碘蒸气遇冷变成了固态碘。

师：请同学们归纳总结出两次现象属于什么物态变化？

生：物质从固态直接变成气态叫升华。

生：物质从气态直接变成固态叫凝华。

师：同学们观察得很仔细，回答得也很好，掌声鼓励！

（板书：1.升华和凝华）

（升华——物质从固态直接变成气态叫升华）

（凝华——物质从气态直接变成固态叫凝华）

师：我们知道熔化和汽化需要吸热，凝固和液化要放热，那么升华和凝华呢？

生：升华需要吸热，因为做实验时我们把碘锤放进热水里加热了。

生：凝华是放热，因为碘锤放入凉水中了。

师：对，升华要吸热，凝华要放热。

（板书：2.升华过程要吸热，凝华过程要放热）

师：同学们能列举生活中升华和凝华的例子吗？

生：衣柜里防虫用的樟脑球，过一段时间就会变小，最后不见了，这是一种升华现象。

生：北方的冬天，树枝上出现"雾凇"，这是凝华现象。

活动3：播放雾凇视频

生：寒冷的冬天，早晨玻璃上出现冰花，这是室内的水蒸气遇到冷玻璃凝华成固态冰，形成冰花。

活动4：播放"大厅里的雪花"视频

内容：1779年，一个寒冷的夜晚，俄国首都圣彼得堡市中心的一个大厅里灯火辉煌，6000支燃烧着的巨型蜡烛把厅里的舞会气氛烘托得热气腾腾。在悠扬的乐曲声中，夫人小姐、名流雅士拥满大厅，翩翩起舞，有的人还冒着汗。正在大家跳得如痴如狂的时候，一位小姐突然晕倒，旁边的人不知所措。有人喊道："快打开窗户。"打开窗户后，刺骨的寒风涌入大厅，突然出现了奇怪的现象：大厅里竟然飘起了雪花，纷纷扬扬落到人们的头发和衣服上。在场的人无不目瞪口呆，面面相觑。这时，一位先生迅速把这位小姐搀扶到门口，并把发生的现象向大家做了科学解释——厅内热空气里的水蒸气遇到寒冷的空气直接凝华成固态的雪花。

生：冬天寒冷的早晨，室外物体上常常挂着一层霜，霜是空气中的水蒸气直接凝华而成的小冰粒。

师：用久的电灯泡，灯泡壁为何会变黑？

生：钨先升华后凝华造成的现象。

活动5：实验演示——小灯泡烧了（灯丝断了，没有出现液态物质）

师：同学们都很棒，回答得非常好，我们鼓掌再次鼓励。

思考：物理教学的理念是"从生活走向物理，从物理走向社会"。物理知识是与生活紧密联系在一起的，但有些生活中的现象不是物理课堂上可以重现的，如"雾凇""雪花"的形成等，这就需要借助较多生活中的小视频、图片和故事来辅助教学。这样使宏观现象微观化，就能让学生看到想看而看不到的现象，既激发了学生的学习兴趣，又提高了课堂效率。

教学片段3：升华和凝华的应用

师：升华和凝华在日常生活中应用广泛，同学们知道有哪些例子吗？

活动6：介绍干冰，播放干冰升华视频

活动7：观察干冰抛入热水中的现象

小组讨论：

问题1：实验中看到的"白气"是什么？

问题2：它是由什么物质变化而来的？

问题3：干冰在其中起到了什么作用？

根据学生回答，引导学生分析所看到现象的整个过程——干冰瞬间升华，从周围空气中吸热，导致周围空气温度降低，空气中的水蒸气遇冷液化成小水珠，形成"白气"。

师：舞台表演的"云雾"同理。

活动8：播放"利用干冰进行人工降雨"的视频

师生共同分析"利用干冰进行人工降雨"的原理：干冰进入大气层迅速升华成气体，并从周围空气中吸收大量的热，使空气温度急剧下降，而高空中的水蒸气遇冷液化成水滴（落到地面）或凝华成小冰晶，这些小冰晶逐渐变大而下降，遇到暖气流就融化为雨点落到地面。

思考：（1）学生在平时生活中较少有机会看到干冰，所以利用干冰产生"云雾"的小实验，不但把课堂推向了高潮，而且开阔了学生的视野。另外，做这个小实验室时，为了使实验效果更明显，先在容器里装入量多一点且温度较高的水，然后再把干冰放进去，干冰的量不要太多，不然效果不明显。

（2）本节的难点是多种物态变化的物理现象的分析，如"干冰"产生"云雾"和"人工降雨"等，教师可以多给一些时间让学生更充分地利用小组合作、交流来分析出具体的原理，有利于学生物理思维的培养。一节课下来，学生不但掌握了课本中的知识点，还增长了很多生活常识与见识。

教学片段4：水的三态联系

师：从水的三态联系归纳六种物态变化名称及吸、放热的关系。

学生阅读"STS"内容。

师：同学们已经了解到我国水资源的紧张状况，这需要大家有强烈的水环保意识和节水意识，养成良好的用水习惯。

思考：通过水的三态联系归纳出六种物态变化名称及吸、放热的关系，最好以思维导图的形式展现出来，既有利于学生记忆，也便于后面进行课堂小结，起到一图多用的作用。

三、精讲导评，课堂反馈

学生完成学导案上"精讲导评"的练习。（限时3分钟）

教师投影学生的答案，批改、评讲。

学生反馈掌握情况。

四、课堂小结

师：本节课我们学了升华和凝华两个概念，并通过实验知道了升华要吸热，凝华要放热。

五、反馈拓展，课后作业

教学片段5：我是实践小能手

师：通过这节课的学习，同学们对升华和凝华的内容已经掌握得非常好了，而且对六种物态变化也做了一个很好的归纳总结。课后老师就布置两个开放性的作业给同学们，目的是要培养大家的动手能力和社会实践能力，希望大家能尽自己最大能力做好它。

1. 科学小试验：自制露和霜

步骤：

（1）找一个空的易拉罐，把盖剪去，尽量剪平，不要有毛边。

（2）把冰装在易拉罐瓶子里，不要太满，装到一半就行了。

（3）10分钟后，看看易拉罐外面有什么变化，用你的手摸摸看。等一会儿，你会发现更多……

（4）在冰中加几勺盐，慢慢地搅一搅。10分钟后仔细地观察一下易拉罐的底部又有什么变化，再用你的手摸摸看。

2. 调查学校和家庭水的使用状况，提出生活中节约用水的若干建议

思考：学习物理，不但要把课本中的知识点让学生很好地掌握了，还要不断地培养他们的思维、动手、交流等多方面的能力，让学生体会到物理知识与日常生活和社会的密切联系，物理是非常有用的一门学科。所以，在课后作业方面布置以上两个开放性的作业，有利于学生综合能力的培养。

名师点评

尽管升华和凝华并不少见，却不易被学生注意，气体不易看见而难于直接观察到。为此，本节课教师巧妙设计"魔术"，用转换法让学生感知状态变化。在学生好奇的基础上，运用学生实验，将学生的好奇心不断上升为学习的兴趣，并结合前四种物态变化的知识基础，培养学生探究与分析的核心素养。奠定知识基础后，通过让学生观察视频、感知平时没有机会见到的干冰升华营造的梦幻场景以及人工降雨等物理学在生活中的应用，让学生充分感受物理的魅力和价值。最后的开放性作业"科学小试验：自制露和霜"，运用吸、放热条件与凝华现象知识去体验物理的魅力，充分体现"物理—生活—物理"的教学理念，达到学以致用的目的。

"雪花"的形成分析可组织学生分小组讨论，让学生主动学习，思维碰撞，把课堂真正交给学生，有利于培养学生的合作能力。

《光的直线传播》课堂实录与思考

笔者曾到粤东某市参加南粤名师大讲堂，向该市物理骨干教师开设了一堂公开课，课题是"光的直线传播"。来到陌生的学校，面对陌生的学生，如何活跃课堂气氛，调动学生的积极性？如何处理好教学环节以取得实效？为此，笔者动了不少脑筋，也采用了很多方法，收效不错，得到了与会专家和教师的充分肯定。现将课堂上的教学过程记录下来并结合自己的思考形成案例，冀望对物理教师的专业成长提供一些有益的帮助。

一、创设情境，引入新课

师：首先我们来欣赏一组图片。

（PPT课件播放一组图片视频：伴随美妙的音乐，夕阳、节日的礼花、斑驳的树影、晨曦中穿透森林的道道阳光、灯塔、烛光依次呈现，配以名曲《高山流水》）

师：音乐好听吗？情景美吗？

PPT课件展示：光使我们的生活如此多彩多姿，类比声现象，你想知道有关光的哪些知识？

生：光的产生。

生：我们为什么会看见光？

生：光的传播及传播形式。

生：光的传播速度。

师：非常好，今天我们就来学习这些知识！

二、实验探究解决问题

教学片段1：定义光源

师：我们再来看这组图片，大家讨论一下，哪些物体不能发光？看哪位同学回答得最准确。

PPT课件展示：钻石、萤火虫、投影仪屏、射灯、太阳、点燃的蜡烛、月亮。

生：钻石、投影仪屏、月亮。

师：好。去掉不发光的物体。

师：我们把能够发光的物体叫光源。

（板书1：光源：能够发光的物体）

师：大家再仔细分分看，把这些光源分类。

（板书2：人工光源、自然光源）

师：大家说说看生活中还有哪些光源？它们分别是人工光源还是自然光源？

（PPT课件展示人造光源和天然光源）

教学片段2：光传播路径

（师拿出一激光手电筒，让其射出的光照到墙壁上形成一绿色光斑）

师：光能穿过墙吗？能通过哪些物质？

师：光在空气里沿怎样的路径传播？

生：直线。

师：这是大家的一个猜想，能看到吗？你的回答有依据吗？我们必须通过实验来证明它。这堂课，老师将带领大家一起研究一下光的传播方式。

教学片段3：不同介质中光如何传播

师：同学们，大白天激光笔发出的光我们看不到它的传播路径，那我们怎样才能看清它的路径呢？我们来看这幅夜晚城市射灯的图片，你能从中得到什么启示吗？

生：要在光线暗的环境中。

师：怎样在白天的教室里得到较暗的环境呢？我这里有一个玻璃箱，在箱中点燃蚊香，大家看，这个实验说明了什么？

师：想知道光在水中和玻璃中的传播路径吗？

学生动手做实验。

　　器材：小激光手电、大烧杯（装水）一个、小烧杯（装牛奶）一个、果冻（代替玻璃砖）一个。

　　学生设计实验方案进行实验，教师巡回指导。实验完成后交流展示做法、现象。

　　师：你得到了什么结论。

　　生：光在空气中沿直线传播。

　　师：光能在其他介质中传播吗？

　　生：能。

　　师：请用老师提供的器材设计实验验证猜想。

　　先看看光在清水中能否传播。

　　生：先在清水中看不清楚，受前实验启发，在清水中滴几滴牛奶，让激光穿过瓶中水，观察光的传播路径。

　　师：与他的实验结论相同的举手。（大批学生举手）

　　生：先在清水中还可看清一点点，倒入牛奶后倒看不清楚了。

　　生：是因为你们小组倒入的牛奶太多了，所以看不清楚。

　　生：让激光穿过果冻，并观察光路。

　　师：你们分别得到什么结论？

　　生：光在水中沿直线传播。

　　生：光在果冻中沿直线传播。

　　师：根据这三个实验能否归纳出光的传播路径。

　　生：光在介质中沿直线传播。

　　教师在黑板上写上：光在介质中沿直线传播。

　　再让学生重新观察光射入果冻，问有什么发现，因为果冻有棱角，进入时有偏折，再加上"同种"。

　　然后给学生看不均匀的盐水或糖水中的光的传播，说明同种还有可能不沿直线，说明原因后问学生还得加什么条件，这时再补上"均匀"，再问学生怎么验证，学生说搅匀盐水，然后教师演示。

三、光线定义

　　光线：用一条带箭头的直线表示光的传播路径和方向。

教师课堂领导力篇

光束：许多光线在一起就是光束。

教学片段4：光速的引入

学习了光的直线传播后，到底光传播有多快呢？设计一个活动，让学生喊"一、二、三"下命令，教师开激光笔，结果学生发现下命令的同时就看到墙壁上的光点，看来光速很快。然后让学生自学教材后，出示问题，让学生回答。

问题：

（1）为什么先看到闪电后听到雷声？

（2）光在真空中传播的速度是多少？在空气、水和玻璃中呢？

四、学以致用

知道光的直线传播知识后，能解释哪些现象呢？

解释两个现象：影子的形成、日食和月食（这样切合前面进入光影的世界）。

分析影子的形成要让学生独立画图，初步培养学生画光路图分析问题的能力。光学的核心思维就在于光路图，所以从第一节课起进行培养。

师：最大的影子是什么？

生：日食、月食。

模拟日食、月食的形成：由三名同学分别代表太阳、地球、月亮，模拟在什么情况下形成日食、月食。

五、走向生活

可以是激光准直、激光引导掘进方向的PPT课件展示。激光准直、射击瞄准、排队、打台球等。

教学片段5：知识抢答

知识抢答（小组PK抢分），PPT课件展示抢答题。

教学片段6：课堂小结

小结本节内容。

教学片段7：视频播放

欣赏手影表演视频。

教学片段8：课后作业

课后作业：制作小孔成像。

思考：这节课的难度不大，教学内容比较确定，从光源到直线传播再到应用，所以要上得更精彩，只能在兴趣的调动、细节的挖掘、衔接的自然、思维方法的培养、整体的流畅等方面做文章。

物理教学的主要任务不只是关注学生学到了哪些知识，还要关注学生是否真正具有浓厚的学习兴趣以及保持对自然界的好奇心和对科学的求知欲等。笔者以比赛的形式调动起学生的兴趣，让课堂气氛活跃起来，整节课尽量从光影图片视频欣赏开始，到手影视频欣赏结束，体现光和影，让学生感受物理学之美。

相对于物理知识的掌握，我们应该更加重视实验技能的培养。实验技能是学生可持续发展的基础，发展学生技能是初中物理教学的基本任务。在各种实验技能中，观察是基石，动手是起点，思维是核心，创新是归宿。技能与知识是相辅相成的，是相得益彰的。在教学中，笔者有意把牛奶和水分开，之前给学生一些提示，接着逐步引导学生自己设计并帮助学生完善实验步骤。学生经历了批判和缜密的思维过程，在严谨的探究活动中掌握科学研究方法，提高了物理知识的生成质量，让学生把实验现象转化成理论知识总结出来，更能帮助学生提升探究能力，并有助于学生提高思维和创新能力。

新课程标准要求：不仅要关注学生通过学习获得了什么，还应记录学生参加了何种活动，在活动中他们的表现和进步等。三名学生分别代表太阳、地球、月亮走向讲台，模拟在什么情况下形成日食、月食活动是本堂课的最大亮点。

本节课内容不能过多（光源、显示光路、证实光的直线传播、光速、光的直线传播的应用），考虑到整节课的条理清晰，衔接自然和完整，不能把所有内容都面面俱到，应有所取舍。所以按照此思路，把小孔成像提出来，布置成课后的制作作业，效果会更好。

👤 名师点评

本节将重难点确定为"光的直线传播及应用"。考虑到光线是看不见、摸不着的，而本节又是光学知识的第一节，如果处理不好，可能造成学生只能机械地记忆，很难真正理解，不利于后面的教学。因此授课者遵循人的认知规律，先对各种光现象进行介绍，让学生初步学习怎样从观察到的具体事例（生活或自然现象）中发现问题，并能用恰当的语言表达这些问题。教学难点是如何保证实验现象清晰、明显，培养学生提出问题、表达问题的能力。为了给学生留下深刻的印象，在教学中设置了三个实验，让学生更直观地观察到光在透明的气体、液体、固体中的传播轨迹，知道光是沿直线传播的。让学生经历基于经验事实建构理想模型的抽象概括过程，很好地体现了学科核心素养的培养。最后通过动手实验，让学生更懂得如何应用物理知识解决生活问题。

《光的反射》课堂实录与思考

　　本节是一节集物理现象、物理概念、物理规律于一体的课。其中光的反射规律是本节的核心，也是实施"探究式"教学的有效阵地。在授课中，教师引导学生利用"发现并提出问题—做出猜想和假设—制订计划与设计实验—通过观察和实验等途径来收集证据—得出结论—交流与合作—提出新问题"的探究式教学过程，自己发现并总结出光的反射规律。

　　教学片段1：课堂引入

　　师：今天老师让大家玩一个游戏，游戏的名称叫"激光打靶"。游戏内容是这样的：有哪位同学能利用老师手中的激光笔迅速地打中靶心？（请一个学生来进行游戏）

　　师：恭喜你，铃声响起，成功打中靶心，那你能不能分享一下你是如何这么快打中靶心的呢？

　　生：利用了光在同一种均匀物质中是直线传播的原理。

　　师：对，上节课学了光的传播，知道光在空气中是沿直线传播的，利用这个性质，只要我们对准靶心，就可以打中靶心了。

　　同学们都很聪明，看来这个对你们来说太简单了。现在老师要增加难度了。老师在靶前挡一个纸板，你不能直接看到靶心，这时候你能不能利用老师手中的镜子来打中靶心呢？（教师提供一面镜子，让学生利用反射来进行打靶。如果学生不明白，教师亲自演示）

　　师：刚才我们看到，利用一面镜子，将光打在镜子上，光的传播方向改变了，这样激光就可以打到靶心了。

　　师：老师再来做一个实验。

　　实验探究：用幻灯机将幻灯片的图像投射到粗糙的屏幕上。

师：同学们为什么能从屏幕上看到图像？

生：屏幕将幻灯机投射出来的光反射到我们的眼中。

师：以上实验说明，光射到物体表面时，总有一部分会被物体表面反射回来，这种现象叫作光的反射。

师：请同学们思考一下，老师本身是不发光的，你们为什么能从不同方向看到老师？电影、幻灯的幕布为什么总是用粗糙的白布来制作？为什么平面镜成的是虚像，且与物体的大小相等呢？

设置疑问，激励思维

学生思考、议论，教师不做定论。

师：这些问题都与光的反射有关，学习和研究了光的反射规律，这些问题也就迎刃而解了。

（板书课题：光的反射）

思考：教学中用了一个自制的"激光打靶"的实验教具，利用这个装置，设计成游戏的形式，成功地复习了光的直线传播，引出光的反射；同时解决了激光光线在空气中看不见，学生不能直观地感受光的具体传播路径问题，这种教师自制实验教具，以游戏的形式复习旧知识，通过学生参与，既活跃了氛围，调动学生的积极性，又渗透主题，自然而然地进入新课学习。

教学片段2：探究反射定律

师：同学们，光在发生反射时的传播路径到底是怎样的？你们看到了吗？

引导学生思考：怎样才能将光传播过程中的路径显示出来？

教师出示光屏将光发生反射时的传播路径显示出来。

师：现在大家看到了吧。那你们能具体用图来描述一下吗？

生画出光路图，如图1所示。

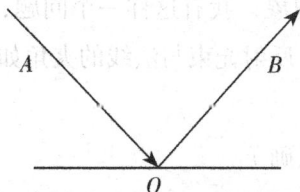

图1　反射光路图

师：早在2000多年前，人们就开始研究光的反射了，直到17世纪，物理学家们找到了方法：从入射点O开始，作一条垂直于反射面的直线，叫作法线，用ON表示；入射光线与法线的夹角叫入射角；反射光线与法线的夹角叫反射角。

学生根据教师的讲解作出光的反射的完整光路图。

师：以上的实验，我们都可以用光路图来表示。

［板书画图（见图2），并讲解］

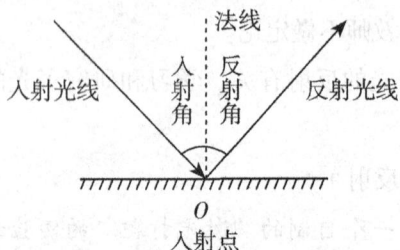

图2　光的反射的完整光路图

实验演示：将激光笔发出的光束射到平面镜上，让学生观察入射光束、反射光束、镜面三者之间的位置关系。

生：入射光束和反射光束在镜面的同一侧，反射光束、入射光束在法线的两侧。

师：猜想一下，入射光束向法线靠拢时，反射光束会有什么变化？

生：反射光束也会向法线靠拢。

师：对不对呢？实验探究。

实验演示：将激光笔发出的光束向法线靠拢。学生通过实验观察现象，来证明猜想的正确性。

师：根据上面的实验现象，我有这样一个问题，你准备怎样回答：当入射光束逐步偏离法线位置时，反射光束与法线的夹角如何变化？

生：变大。

（实验演示，证明其正确）

师：猜想一下，在光的反射中，会不会入射光束和反射光束重合？

生：会。

师：谁来上讲台演示一下。（学生上讲台演示，存在重合）

师：入射光束与反射光束重合是在什么情况下？

生：入射光束与反射面垂直时。

师：这时入射角等于多少度？

生：①0°；②90°。

（教师强调入射角的定义，明确当入射光束垂直于反射面时，即与法线重合无夹角，故入射角$\angle i=0°$，反射角$\angle r=0°$。）

师：在刚刚的实验中，当入射角增大时，反射角怎样变化？

生：也变大。

师（提出猜想）：在光反射现象中，反射角与入射角会有什么关系呢？

生：可能会相等吧。

师：如何来证实我们的猜想是否正确呢？

生：做实验来探究。

师：如何实验，请同学们讨论一下实验方案后再阅读教材第73页。

器材：教学激光演示仪。

步骤：①在激光仪的分度盘上，读出入射角和反射角的大小；②改变入射光线的方向，观测几组入射角和反射角，并将有关数据填入教材的表格中。

师：根据实验情况，表格中的数据说明了什么？

生：反射角的大小等于入射角，光路是可逆的。

师：同学们总结得很好，这就是光反射时所遵循的规律。

（板书：在光的反射现象中，反射角等于入射角，光路是可逆的）

师：在我们的身边有很多地方用到了光的反射，你们知道都有哪些吗？

生：照镜子、自行车尾灯、单反相机、医生的额镜……

思考：在进行光的反射规律的探究实验中进行分组实验，让学生感受合作学习的快乐，同时也调动了学生学习的积极性，让学生亲自动手，设计实验，进而进行实验探究，采用探究式教学方法，在此过程中，学生发挥自身的创造力，培养思考问题和解决问题以及动手操作的能力。在教学中，教师给了适当引导，引导学生提出问题，同时在实验操作中提醒学生操作的规范性以及培养学生科学探究的态度和提高学生尊重探究实事的习惯。此外，课堂上列举生活中大量事实，增加学生的表象认识，使新知识在学生已有知识和经验的基础上得以主动建构，以及提高学生将所学知识应用于生活的意识，充分体现了物理源于生活，应用于生活的思想。

教学片段3：反射的分类

指导学生看教材"镜面反射和漫反射"内容。

师：光不仅射到平面镜上会反射，射到所有的物体上都会反射。如光射到平静的水面、玻璃面、光滑的金属面上都会反射，这种光滑表面上的反射叫镜面反射；光射到墙壁、衣服上也会反射，反射时都遵循我们总结的反射规律，所不同的是反射情况不一样，这种粗糙表面上的反射叫漫反射。

师布置课后实验：试一试，在家里，晚上关灯，将一个小平面镜平放在一张白纸上，用手电筒的光正对着镜面照射，从侧面看去哪个显得亮？（让学生猜想一下，教师不做定论，第二天课前交流）

思考：光的反射是光现象中的一节重点内容，需要两个课时来完成这一节的教学内容，本课时只完成了上半部分的教学内容，即得出光的反射规律，并利用光的反射规律解决一些光学作图题。布置课后实验，让学生从被动接受知识向主动获取知识转化，培养学生的科学探究能力、实事求是的科学态度和敢于创新的探索精神，活用课外实验，让学生真正体会到物理来源于生活，服务于生活，促进社会进步。

名师点评

根据教材的特点及学生的实际，本节课教师采用演示实验及学生分组实验相结合的方法，力求改变学生的传统接受式学习方法，引导他们去发现课题，在尝试简单的探究过程中，向他们潜移默化地渗透发现式学习方法，从而为以后实现更深入更全面的自主、合作、探究学习打下良好的基础。从知识体系来看，教学中突出了光的反射定律这个核心点，应用了上一节光在同种均匀介质中沿直线传播的知识，为本节研究光在两种介质的界面上发生反射的现象和规律提供了研究方法与技能。

《平面镜成像》课堂实录与思考

从课程标准看，本节课的教学要求是，既要通过学生自己的实验探究平面镜成像时像与物的关系，又要求学生知道平面镜成像的特点及其应用在生产、生活中的实际应用。以下是笔者上本节课的教学片段以及对每个环节的思考。

教学片段1：课堂引入

师：同学们，大家知道刘谦是谁吗？

生：知道！见证奇迹出现的一个魔术师。

师：很好，今天我们就来揭秘他奇迹的秘密！我们先来看一下刘谦的魔术"隔山打牛"。刘谦为什么能隔着玻璃把蜡烛熄灭？你能揭示其中的奥秘吗？我们再来看一个猴子捞月亮的视频，天上的月亮是真的掉到井里了吗？井里的月亮实际上是什么呢？

生：不是真的掉进井里，实际上是月亮的像。

师：很好，没错！

（板书课题：平面镜成像）

师：同学们几乎每天都要照镜子，根据你的观察和使用经验，你能告诉大家什么是平面镜吗？观察你桌上的镜子，它的表面是平滑的还是凸凹不平的，光照射到镜面还会发生什么现象？

生：镜子表面平滑，还能够反射光。

（板书：表面平滑并且能够反光的镜子——平面镜）

师：请举出除了生活中的镜了，还有哪些物体也可以看作平面镜？

生：平玻璃板、平静的水面、抛光的金属表面等。

思考：通过视频让学生体验物理的神奇，激趣诱思，使学生的思维紧跟教师，关注课堂。教学中通过列举学生熟悉的几种物体，让学生初步认识并感知平面镜，建立等同平面镜的现象。

教学片段2：探究平面镜成像的特点

师：下面我们来做一个游戏"照镜子"。规则：找一面大镜子，一个人做动作，另一个人模仿他在平面镜中成的像，模仿错误即被淘汰。

投影：展示图片（PPT）。

学生充满兴趣，积极投入游戏中，并体会平面镜成像的特点。

学生交流讨论：像和物体的大小相等；物体离镜子越远，像离镜子也越远。

师：根据刚才的活动体验，请你对平面镜所成像的大小、像到平面镜的距离与物体到平面镜的距离、平面镜成的像与物体的连线及与镜面的关系等进行合理猜想。

学生猜想。

师：要比较像与物体大小、位置的关系，关键是确定像的位置和大小。请大家将一个"A"字分别置于平面镜和玻璃板的前方使之成像，做做看，哪一个能确定像的位置和大小？

生：都能成像；不同点：透过玻璃板还能看到后面的物体，而平面镜不能。

师：那实验应采用哪块板？

生：玻璃板。

师：厚薄不同的玻璃板，应该选择哪块？

生：选薄的，因为厚的玻璃板能成两个像。

师：如何确定像的位置和大小？

生：利用玻璃板既能成像，又可以透过玻璃板观察后面的"A"字，使其与像完全重合，这样就可以确定像的位置和大小。

师：为什么有两个"A"字，并且有两个完全一样？

生：可以对比像与物体的大小关系。

师：为什么要用玻璃板替代平面镜？

生：既能成像，又可以透过玻璃板观察后面的"A"字，使其与像完全重合，这样便于确定像的位置。

师：光屏的作用是什么？

生：观察像能否呈现在光屏上，判断像的虚实。

师：方格纸的作用是什么？

生：便于测量比较像到平面镜的距离与物到平面镜的距离关系。

投影PPT：设计表格记录测量的物理量。

师：（1）玻璃板一定要竖直放置，且将镀膜的一面与方格纸零刻度线重合。

（2）别忘了记录物、像和玻璃板的位置及实验数据，并注意观察像与物的大小。

（3）为减小测量误差，每组测三次。

（4）实验时玻璃板要轻拿轻放，注意不要划破手。

明确实验要求后，请学生利用教师提供的器材，以小组为单位合作交流进行实验。实验时要如实记录测量数据。教师巡回指导。

师：现在开始实验，比一比哪一组做得又快又好。

师：下面以小组为单位，汇报交流你们的研究成果。汇报时请投影你们的记录数据，根据实验数据你们得到了什么结论？（实验完毕后选三组学生到讲台上展示）

学生分组展示数据进行交流，归纳总结平面镜成像的特点。

教师板书实验结论。

平面镜成像特点：

（1）像到平面镜的距离与物体到平面镜的距离_____。

（2）像与物体的大小_____。

（3）像与物体的连线与平面镜_____。

（4）平面镜成的是_____像。

师：你在实验过程中出现了哪些问题，影响了实验的正常进行或影响了实验结论的正确得出？小组讨论和反思自己的探究过程与方法，找出实验中的不足，进行改正。

思考：通过游戏找像并观察像的大小、位置与物体的大小与位置的比较，让学生初步领略平面镜成像的特点，为猜想假设提供依据。通过猜想与假设，培养学生的猜想能力、归类整合能力，从而明确本实验探究的具体问题。通过学生亲自动手体验为选择玻璃板并且是用薄玻璃板设计实验方案埋下伏笔，使实验的设计方案水到渠成，从而克服本实验的难点。最后反思实验过程和得出结论，可以培养学生动手实验能力、收集数据信息的能力和分工合作的能力。

教学片段3：学以致用

师：根据平面镜成像的特点，在图中画出物体所成的像。（易错警示：虚像一定要用虚线表示）

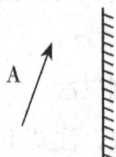

图1　平面镜成像特点作图

学生完成作图，教师点评讲解。

师：通过探究，我们认识了平面镜成像的特点，那么平面镜为什么会成像呢？

课件动画展示：图中，镜前烛焰上的点 S 射向平面镜的光线，经平面镜反射进入眼里。由于眼睛的视觉习惯，人们总认为进入眼睛的光线是沿直线传播的，因此看起来这些光线好像是从它们在镜后延长线的交点 S′ 射出来的，像 S′ 处真有一光源产生一样，S′ 就是 S 点在镜中的像，因为此像不是实际光线汇聚而成的，我们叫它虚像。每条反射光线都好像是从虚像点发出的。

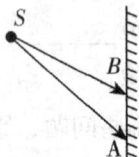

图2　光的反射定律作图

（板书：平面镜成像原理光的反射）

学生观看课件，倾听介绍，思考平面镜成像原因。平面镜是利用光成像的，虚像是真实光线的反向延长线的交点。

师：利用平面镜成像原理，你能解释上课伊始看到的视频"隔山打牛"的奥秘吗？

生：可以了，是平面镜在作怪。

师：那好，接下来是我们的自学时间。

自学内容：平面镜的应用。

要求：

（1）了解平面镜成像在生活中的应用。

（2）了解平面镜的作用：可以改变光的传播方向。

生：观看平面镜的应用视频，根据教师提出的问题认真思考。

师：领略平面镜神奇而有趣的妙用的同时，你能归纳出平面镜有哪些应用吗？

生：分小组交流讨论，汇报总结。

要点板书：

（1）平面镜能够成像。

（2）平面镜可以改变光的传播方向。

（3）利用平面镜成像增大空间。

思考：通过视频认识平面镜的应用，拓宽学生的知识面，也体现物理与生活密切相关。同时课堂上物理知识不是简单直白地告诉学生，而是通过一系列的简易小实验创设情境，通过师生良好互动，让学生去思考感悟问题，达到自主构建知识的目的。物理情境是提出问题的根据，从物理现象的观察、物理概念和规律的理解等方面提出问题，可使抽象问题具体化、枯燥知识趣味化，进而激发学生发现问题的热情和探索问题的欲望。在教学过程中，教师可以通过小实验、图片、视频及小故事等具体的物理情境设计，将知识问题化，问题情境化，并学以致用。

教学片段4：归纳小结

师：今天我们探究了平面镜成像的规律。现在小组讨论总结，今天学到了什么，看哪一小组归纳总结得最好。给大家2分钟时间。

学生思考、讨论，整理要点，总结发言。教师对学生的归纳充分肯定。

思考：归纳小结的任务是要将平面镜这节课的相关知识进行整理，形成体系，使之成为学生自己系统的知识。知识点重点要突出，注意知识的联系与区别，并简明扼要，形成思维导图，便于学生理解和记忆。

名师点评

（1）本节引入新课的方法有特色、有创新。先介绍刘谦的魔术"隔山打牛"，然后采用心理暗示的方法，引起学生的好奇心和兴趣，激发学生的进取精神。

（2）把演示实验改进为学生分组实验，加强实验教学，这是提高学生实验动手能力的重要途径，也是物理学科进行创新学习的重要手段。本节这样处理，收到了很好的效果。

（3）在教师的引导下，学生做完实验即展开讨论，然后汇报发言，让学生自己归纳总结出平面镜成像的特点。这里体现了创新学习，体现了以学生为主的导学方法。一项教学活动，让全体学生都积极参与，其效果与"老师讲，学生听"自然不能同日而语。

（4）本节课把启发式教学、实验教学、创新学习、目标教学等有机结合在一起，形成师生互动学习的局面，收到了很好的效果。

《光的折射》课堂实录与思考

"光的折射"这一节内容在初中十分重要，在光学内容里面起着承上启下的作用，能否学好这节内容对以后的凸透镜成像规律有很大的影响。以往讲这节的内容时主要是以视频和PPT的内容为主，为了改变这种状况，笔者特意设计了一些实验让学生亲自感受折射现象，这样能让学生在认知方面有很大的提高。

教学片段1：课堂引入

师：同学们，你们还记得上次井底的那个青蛙吗？它从井里看外面的世界会是怎样的呢？你们想不想亲眼看一下？

生：想。

师：好，今天老师就给你们模拟一下。你们看这是一个摄像头，它将模拟青蛙的眼睛，这个圆筒模拟井，桌子上的景象就该是它看到的景象了。

师：（安装好仪器）同学们，现在请看，这是一个晴朗的夜晚，青蛙一抬头看见了什么？

生：看见星星和月亮。

师：很好，"井底之蛙，所见甚小"是什么物理现象，让你们画光路图能画出来吗？

生：这是因为光沿直线传播的缘故。

师：同学们真棒，看来前面学习的内容都没有忘记。下面请同学们继续观察。在这个晴朗的夜晚突然下起大雨，雨水把这口井都灌满了。同学们，你们告诉我看到了什么？

生：哇！真神奇，看见的星星变多了，视野也变广了。

师：你们想知道这是为什么吗？

生：想。

师：好，希望同学们带着你们的好奇心和老师一起来学习这节课的内容，学完这节课你就能知道为什么加水以后看见的视野变广了。

思考：设计的这个引入能与光在同种均匀介质沿直线传播形成鲜明的对比。有趣的实验能很好地吸引学生的注意力，通过这个实验把问题抛出来，能让学生带着问题学习新内容，这样有目的性的学习效率更高。

教学片段2：引出概念

师：（在空中喷洒水雾，用激光笔向空气中射出）我们知道光在同种均匀介质中是沿直线传播的，但是这和青蛙在水里看天空一样吗？

生：不一样，青蛙在水里看天空，光线经过了两种介质。

师：同学们真是太聪明了，现在你们桌子上都有两个杯子和硬币。同学们要做的是：先找一个角度直到看不见杯子里的硬币，然后向杯子里加水，负责观察的同学看能观察到什么现象？下面给2分钟进行小组实验。

（小组进行实验）

师：时间到，哪个小组的同学能告诉我你们观察到的现象？这和水里的青蛙看天空有什么相同点和不同点？

生：我们发现一开始看不见硬币，加水以后硬币又出现了。这个实验和水里的青蛙看天空相同的地方是：光的传播都经过了两种介质，不同的是青蛙看天空，光线是从空气到水里传播，我们看硬币光是从水里向空气传播。

师：这一组的学生真的是太棒了，实验观察得非常仔细。实验结果的描述也非常清晰。他们刚才总结得非常到位。

师：光从空气斜入射水中时，传播方向发生了偏折，这种现象就是光的折射。（板书）

学生在书本上做笔记。

思考：教师演示实验能帮助学生进一步复习之前学习的内容，观察光路的传播是为了和折射现象有一个鲜明的对比。在这里还设计了一个观察硬币的实验，通过观察能让学生进一步感受折射的现象，然后通过比较得出光的折射的概念，这样能让学生对光的折射有更深的认识。

教学片段3：实验探究，总结规律

师：光的折射有什么样的规律呢？

师：下面请以小组为单位，合作探究光的折射规律，把你们所得的实验规律写在学案上。

学生完成分组实验，记录实验数据。学生做实验，教师巡查并指导。

师：时间到，同学们都已经做完试验了。下面有哪个小组愿意把自己的实验结果和大家一起分享一下？

生：我们发现：

（1）光从空气射入水中，折射角小于入射角。

（2）光从水中射入空气中，折射角大于入射角。

（3）和光的反射一样，在折射中光路也是可逆的，并且折射光线、法线和入射光线都在同一平面内。

师：同学们认为他的实验结果对吗？

生：是对的。

师：其他同学还有补充吗？

生：光从空气入射到水中，入射角增大，折射角也增大；光从水中入射到空气，入角增大，折射角也是增大的。我们还发现无论光从哪种介质垂直入射到另一种介质，光路的传播方向都不会改变。

师：太棒了，你们补充得非常好。（PPT反映折射规律）

学生做笔记。

思考：在教学中培养学生的实验操作能力是非常重要的，因此在实验操作过程中要体现以教师为主导，学生为主体的教学原则。学生在进行实验的时候，教师要进行适当的指点。

教学片段4：巩固应用

师：经过刚才的学习，同学们现在知道为什么青蛙在水里看的视野更广了吗？你们会画光路图吗？

生：知道了，因为光从空气入射水中，折射角小于入射角。

学生在学案上完成光路图，教师检查指导。

师：下面我们来看看折射现象的其他例子。（播放海市蜃楼的视频）

师：除了海市蜃楼外，其实平时我们看见的一闪一闪的星星也是光的折射现象。

生：为什么呀？那不应该是光沿直线传播吗？

师：这是因为云层的运动和稀薄变化对星星的光线造成不同方向的折射。

师：同学们你们能解释一下"池水变浅"和叉鱼要往鱼的下方叉的原因吗？

学生思考。

生：光从空气入射到水中，光路发生了偏折。老师上节课说过我们人眼看物体时会认为光是沿直线传播的。画出光路图以后就发现池水变浅了。

师：这个同学真的是太聪明了，你们觉得这位同学说的有道理吗？

生：很有道理。

师：很好，这个同学的解释是正确的。你们回答问题都非常棒。下面要检查一下你们究竟有没有掌握知识。请同学们完成学案的内容，时间5分钟。

学生完成课堂反馈练习，教师巡视检查。

师：时间到！请各小组同学分别把反馈练习的各小题答案向大家汇报一下。大家若有不同意见，请提出质疑。

学生汇报反馈练习答案，大家质疑修正，教师适当点评。

思考：在课堂巩固这个环节，首先是让学生解释刚上课时提出的问题，这样能起到一个承上启下的作用。另外，选的折射例子都是生活中比较常见的物理现象，这也是为了遵循"从生活走向物理，从物理走向社会"的理念。

教学片段5：归纳小结

师：这节课同学们的表现真是太棒了！下面我们一起来小结一下这节课的内容。（投影PPT）

学生回忆，做笔记，消化。

思考：光的折射规律经过实验是比较容易得出的，为了培养学生的综合能力，在设计时考虑的重点是让学生动手做实验，去实践。为了让学生更好地体验光从空气入射到水中视野的变化，在新课引入时设计了"坐井观天"的小实验。学生在掌握了光的折射规律以后，部分学生画光路图会出错，因此在课后还需要加强巩固。归纳小结采用的是思维导图的方式，虽然这节课的总结比较简单，但是从简单做起能培养学生良好的思维能力。归纳总结重点突出，能反映相关概念规律间的联系与区别，简明扼要，一目了然，学生便于理解和记忆。

名师点评

　　本节课利用模拟青蛙坐井观天的实验，实现了教材的意图，用好了模型法。教学片段3中的实验，第一步为什么不加水，光斑在哪里？加了水，光斑的位置改变了。于是学生推测光斑在水中的传播路径发生了改变，怎么验证这个推测？在水中加点牛奶，呈现出光的路径，验证之后发现确实是这样，构思巧妙，设计紧凑，环环相扣，观察、思考、实验、探究，师生、生生的交流贯穿整个课堂。一节课分成了探秘、闯关、揭秘、应用几个模块，不断培养学生的观察力、判断力，同时渗透分析、解决问题的方法和过程，很好地培养了学生动手实验、归纳规律、学以致用的能力，充分体现了以学生为主体的教育理念，让学生获取了知识与技能，经历了科学探究的过程，了解了一些研究物理的方法，让科学方法在学生经历中诞生，让学生体验到了物理的美妙与和谐。

《光的色散》课堂实录与思考

本节主要体现出"从生活走向物理，从物理走向社会"的课程基本理念。课堂引入部分选取了学生熟悉的生活背景，"光的色散"环节把光的色散实验和彩虹联系起来，让学生觉得瑰丽的彩虹不再遥远；"色光的混合"把电视机的彩色画面模拟得一清二楚，电视的绚丽多彩不再神秘；"看不见的光"发现红外线、紫外线的应用触手可及。物理无处不在，使学生感受到了物理的魅力，从而激发学生学习物理的兴趣和愿望。

教学片段1：新课引入

师：同学们好！首先我们一起来欣赏一段视频。（视频是一组绚丽壮观的彩虹的图片，有雨后美丽的彩虹，有瀑布前的彩虹，有草原上的彩虹，也有在本地区曾出现的双彩虹，更有学生们熟悉的南海区著名景点南国桃园喷泉附近出现的彩虹）

学生们看到壮丽的彩虹和熟悉的画面，不时发出"哇"的惊叹声，眼球已被牢牢吸引住了。

师：同学们想不想知道彩虹是怎样形成的？

生（不约而同）：想。

师：好，那我们一起进入今天的学习内容"光的色散"。

思考：美是人所向往的，通过生活中绚丽多彩的彩虹激发学生对新课的兴趣，并且特别呈现当地南国桃园风景区的彩虹，让学生倍感亲切，兴趣更浓。心理学研究表明，学习的内容与学生熟悉的生活背景越贴近，学生自觉接纳知识的程度就越高，就越能激发学生的学习兴趣。

教学片段2：家中自拍光的色散

师：看完科学家牛顿分解了太阳光，下面一起来看看我们小小科学家们星期六自己拍的太阳光的色散实验（教材第85页"想想做做"的实验）。

当看到自己或小伙伴出现在屏幕上，学生可高兴了，对于实验现象清晰的还发出赞扬的声音。

师：还有几个没有交视频的同学，请你们说说实验遇到的情况。

生1：我怎么弄也看不见彩虹啊。

生2：我们组成员原来实验也看不见彩虹，后来调整了水深和平面镜的角度就行了，你们可以试试。

生3：……

思考：教材中"太阳光的色散"这个实验由于受到阳光的制约，往往不少教师会选择不做或者布置学生自己课后随意做做。对于这部分的教材处理，可以把"想想做做"提前在新课前，作为周末作业，并且拍摄实验视频，上课时挑选优秀作品播放，小组交流实验经验。学生为了使实验成功，就会认真地阅读教材或者参考更多的课外资料，这样，学生已经在实验操作时不知不觉地预习了新课内容，还阅读了不少相关的内容。课堂上学生看到自己的视频出现在屏幕上，既喜上眉梢，又扬扬得意，平添了对物理的喜爱。同学之间的实验切磋更促使了实验操作的完善，双方都收获满满。把预习融入生活小实验中，的确比简单地看书预习更胜一筹。

教学片段3：光的色散

师：现在你们的桌上有了实验器材，请小组的同学选择合适的器材做光的色散现象，看哪组同学能最快做出来漂亮的七色光。

师：（10分钟后）实验结束，哪组同学给大家展示一下你们组的实验？下面邀请同学上来展示。（学生代表展示小组实验成果）

师：实验现象非常清晰，展示的同学非常自信，掌声谢谢这些小组的同学。

师：除了用刚才的强光电源外，请小组讨论还可以怎样做光的色散实验并展示出来。（学生展开讨论）

生1：我们组是把三棱镜放在液晶投影仪发出的光束前，调整角度后，屏幕上出现了七种颜色的色带。

生2：我们组的方法是利用平面镜把太阳光反射进教室，利用太阳光做光源，把白墙作为屏幕。

师：以上同学的建议非常好，掌声送给这些爱动脑筋的小科学家！那你认为彩虹是怎样形成的呢？

生1：下完雨后空中有小水滴，小水滴的作用就类似三棱镜，太阳光经过雨滴多次折射后就形成了彩虹。

生2：刚上课时看到的南国桃园喷泉和瀑布附近的彩虹，也是因为空气中产生了许多小水珠的原因。

思考：（1）实验是物理概念和规律建立的基础，通过课堂实验帮助学生学习了光的色散现象，提高了学生的动手能力，培养了学生发现问题和解决问题的能力。

（2）实验采用了小组讨论的方式，学生在讨论中各抒己见，思维不断地发生碰撞，在碰撞中寻找新的实验方法。

（3）在做完第一轮实验的基础上，教师继续抛出了问题"还可以怎样做光的色散实验"，目的在于培养学生的发散思维，展示了实验的魅力，激发了学生学习物理的兴趣。

教学片段4：色光的混合

师：阳光可以分解为七种颜色的光，但我们看到大自然的色彩远比红、橙、黄、绿、蓝、靛、紫七种颜色丰富得多，比如彩色电视机颜色就丰富，这又是怎么回事呢？

师：昨天我们布置了一项作业：做一个红、绿、蓝三色陀螺，现在把它转动起来，观察到什么？

生：变成白色了。

师：我们把红、绿、蓝三种颜色叫作光的三原色。

师：现在桌面分别有三个强光电源，三块红、绿、蓝的透明胶片，把胶片蒙在电源上，请你们将手电筒发出的光投在白纸上，让它们照射的光斑交替重叠，让我们来比一比，看哪个小组混合的颜色多。

师：通过刚才色光的混合实验，光的三原色按不同的比例混合后，就能产生各种颜色的光。你们知道彩色电视机丰富的色彩是怎样来的了吧？

生：彩色电视机的色彩就是由三原色混合而成的。

思考：过渡语能起到承上启下的作用，好的过渡语使学生的知识掌握得更为流畅。通过比赛的形式，激发了学生参与的积极性。通过实验培养学生的动手能力，使学生获得成功的喜悦，乐于参加物理学习活动。物理源于生活，用物理知识解释生活现象，让学生知道物理知识就在身边。

教学片段5：看不见的光

师：我们先来看一段视频。（视频内容是狙击手在漆黑的地方寻找目标）

师：想知道是谁在帮助狙击手寻找到目标吗？一起来阅读教材"看不见的光"，并解决两个问题：

（1）红外线的主要特征是什么？

（2）红外线在生活和科技中有哪些应用？

生1：红外线的特点是热作用强。

生2：红外线的应用有热谱图、红外线夜视仪、遥控器。

师：除了书上提到的应用外，同学们再想想身边还有哪些红外线应用？

生1：自动门、自动水龙头。

生2：红外线烤箱。

生3：浴室的取暖灯。

生4：……

师：同学们举的例子很棒，对生活观察得很细致！历史上红外线是怎样发现的呢？请看PPT。（紫外线的学习方案与红外线一样）

思考：（1）该段视频的作用是激起学生对红外线的好奇心，为下面的阅读提供"充足的能量"。

（2）近几年，中考越来越注重学生的阅读能力，教学中通过增加学生的阅读量和能力的培养，提高学生提取信息的能力和物理语言表达的能力。在红外线和紫外线的学习中，通过在课堂中安排合适的阅读，加强学生的阅读能力，培养学生自主学习能力和归纳总结能力。

（3）通过让学生思考身边还有哪些红外线应用这个环节把刚刚学到的知识用于生活，让学生体会知识无处不在，充分体现了物理源于生活，应用于生活，使学生保持一颗热爱生活的好奇心。

（4）通过播放科学家发现红外线和紫外线的经历，向学生不断渗透尊重客观事实、实事求是、坚持不懈的科学态度，鼓励学生学习科学家的刻苦钻研精神。

附思维导图板书：

图1　思维导图

名师点评

　　本节将物理知识融于物理实验中，并使物理知识回归生活，充分调动了学生的感官，使学生感受科学带来的喜悦和成功感。在教学方法上，采用实验、直观法、对比法、讲授、谈话和讨论等多种教学手段；在学法指导上，自主合作探究、小组讨论、合作交流，体现了师生互动、生生互动。本节亮点在于光的色散实验这部分的教材灵活处理，分成了课内和课外两部分，创设更多的条件与可能性让学生亲身体验和积极参与，品尝探索的乐趣和成功的喜悦，培养学生坚持不懈的科学态度和科学实践能力，使学生感受到了物理的魅力所在，从而激发学生学习物理的兴趣和愿望。教育就是生活，生活就是教育。

《透镜》课堂实录与思考

2016年11月17日，笔者在佛山市初中课堂改革观摩研讨暨课堂改革专项课题主持人培训活动中执教八年级物理课《透镜》，作为现场观摩课，受到好评。来自广东省物理名师工作室的骨干培训教师及佛山市各校物理教师参与听课交流。这样大型的公开课，且还是同课异构，如何诠释课程标准的"注重科学探究""从生活走向物理，从物理走向社会"的基本理念？如何突破作图难点呢？为此，笔者结合教材内容及本地学情，采用了一些方法，收效不错。课后，得到与会专家和教师们的充分肯定。现将课堂上的教学过程记录下来并结合自己的思考形成案例，冀望对物理教师的专业成长提供一些有价值的参考。

教学片段1：激趣导标，引入新课

师：（出示放大镜）这个，老人家看报纸用的，管它叫什么？

生：放大镜。

师：对，放大镜就是今天要学习的一种透镜，所以老师带它上课来了。还有哪位同学也带透镜来上课啦？请展示出来。

有学生展示了他的近视眼镜。

师：原来你和透镜早已亲密接触。其实生活中还有很多，（指着PPT）请大声说出你认识的。

学生说出PPT图片中的摄像机、望远镜、老花镜等。

师：太熟悉了！除了家里，教室哪个设备也有透镜？（教师故意将投影仪的摄像头对准学生，像呈现在屏幕上）成像的透镜在哪里？用手指出摄像头。招招手，跟它打招呼。（学生先是不好意思，一会儿后就微笑了）

思考：通过生活中的透镜，从生活走向物理，令学生感知：身边各种熟悉的透镜在社会上的应用，亲切地引入新课。

教学片段2：启思导学

1. 实物展示+演示实验

师：经刚才回顾，已知透镜的用途广泛，想了解这个重要的光学仪器，先学分类。

黑板上预先磁吸着演示使用、外形对称的凹透镜和凸透镜。

师：看形状，对比厚、薄，谁会？（边问边板书填空"厚、薄"两字）什么字能描摹其形状？（板书）哦，凹凸两字出卖了它们，象形字真形象。定义还可以更简单（画掉"间"与"缘"字），请简单齐读。

学生齐读及笔记画书（两种透镜的定义）。

师：这两块对称规则，但实际应用中，还有这些（教师出示各种形状的透镜）。根据定义，请归类。谁来试试？（让个别学生回答，教师设问引导："判断的依据是什么？看外形……简单说"。然后一边听一边将手中各类形状的凹透镜和凸透镜分别磁吸在相应的位置）……已学会分类，想了解更多，还要知道几个名词，请看（从课件PPT中教会光心、主光轴）。

在纸上是这样画的。（板书：画凹凸两种透镜，且标出主光轴，光心 O，画两条穿过光心的光线，再在演示器材上演示凸透镜汇聚三束平行光，标出焦点 F、说出焦距 f。学生齐读两遍记忆名词，为巩固刚才所学，完成学导案第2页第1至4题。限时2分钟）PPT直接出标准答案，注意控制时间。

2. 实验探究：精测焦距，了解汇聚和发散作用

师：关键名词学会了，接下来请看。（播放小视频，前天学生在走廊做的小实验：用放大镜汇聚太阳光烧火柴头）

师：你们看到了什么现象？

生：火柴头燃烧起来了。

师：说明什么？

生：放大镜有汇聚作用。

师：真棒，今天我们还可以通过实验，认识更多，探究更深。下面请看实验介绍。

小组做实验：认识透镜对光的作用（课件PPT介绍操作及观察记录，每小组有两张分别记录测量凹透镜和凸透镜的光路图及测焦距的纸），填写学导案的结论。限时6分钟。结束后，小组选两位同学上台，一人负责投影实验记录的光路图，另一人站在屏幕前说结论。教师板书汇聚和发散作用，并问：看折射光线向哪里更快靠拢，才能得此结论呢？（f越小，汇聚作用越强）同学们，考试作图是与图对话，为准确又简洁，看学导案第5题，让我们一起穿越回小学语文课："看图说话"。（在教师的引导下，学生临读课件中的图文，提升对光路的表达能力。结束了就进入同桌相互表达及记忆时间，限时2分钟）

思考：学生通过亲自动手测焦距，更深刻地认识汇聚作用、发展作用，还可以在从桌面上取透镜时，通过实际行动认识到透镜的分类，在用刻度尺测量焦距时，其实也就知道什么是光心，什么是焦点和焦距了。这样玩一玩，测一测，学生在感受的过程中学会了物理知识。

教学片段3：学生作图+学生命题

做第6题（作图题，教师巡堂面改，最后投影点评），针对错点，特别是凹透镜，学生命2题（三条特殊光线）。命题者的光线用黑色钢笔，答题者用铅笔和尺子，同桌间交换答题，生生互动。最后投影学生的命题与答题，师生互动，交流点评。

思考：透镜的作图是本节课的重点，也是难点，笔者先做实验探究，然后作图，最后再命题，是为了分散难点，合理安排课堂活动，一步步地扎实"双基"，突破难点。

教学片段4：巧练导悟

通过前面的学习，认识了不少，接下来可以提升思维能力，请完成第8至10题。（提问式点评：第8题的B怎么改才正确呢？第9题的D凹透镜、发散，没错呀？为什么不选D？第10题，削冰取火，有意思的是我国2000多年前就会削冰取火，还有详细记载）（PPT介绍，注重培养情感态度与价值观，加强爱国教育）

完成教材第93页，"动手动脑学物理"第1至4题。

思考：笔者在实际上课时，因时间关系，没有进行这一环节，即教材第93页的题目没做，但在前面"学生命题"时，笔者随堂生成资源，有学生的命题很好，懂得用两块不同的透镜组合，于是随机应变，即时生成教学资源，不仅点评题目答案，还将伽利略的望远镜故事讲出来，通过对科学家研究精神的历史教育来表扬学生的创新，教学效果良好，受到好评。

课堂小结

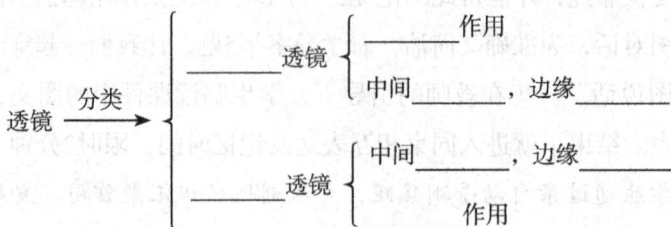

图1　课堂小结

师：同学们，这堂课学了什么？还发现了什么？

学生个别小结回答。

师：学了这些知识，有什么用呀？……请转身看教室后面的摄像机，来，对着镜头笑一笑，拍个集体照。掌声感谢张老师为我们录像，辛苦了。透镜不仅可录像，还有人将它制成望远镜呢！最后，请随音乐视频进入绚丽多彩的太空吧。（观看星空音乐视频，领略透镜对光的神奇作用，在美妙的音乐声中结束本节课）

名师点评

本节课以"从生活走向物理，努力构建合作、探究的课堂教学模式"为基本设计理念。一开始从学生身边的物品引入，从生活走向物理，能激发学生的学习兴趣，引导学生进入本节课要探究的主要课题。用学生实验的小视频激发学生的求知欲。小组合作经历探究凸透镜对光线的作用，突出培养学生科学探究的核心素养，在探究过程中引导学生准确表达自己的观点，加强合作。在合作中不仅注重结论的得出，还要兼顾过程的评价，鼓励学生积极参与探究过程，激发起学生活跃的思维。最后小结时从"知识树形"和"过程方法"等多角度进行，突出学生的主体作用，培养了学生完善自身知识结构的能力。

《生活中的透镜》课堂实录与思考

本节课主要由通过创设情境提出问题、实验探究解决问题、梳理反思深化问题和应用练习评价反馈四个环节组成。主要教法是以学生为主体，突出学生自己探索，通过演示与动手操作、观察思考、交流讨论、展示与反馈应用，让学生自己完成知识的建构，同时培养学生的思考与实践能力。

教学片段1：课堂引入

观察美丽的自然现象——露珠的图片。

师：生活中人们经常使用照相机、投影仪、放大镜等光学仪器，你知道这些仪器有什么用途吗？

生1：照相机能够拍照片。

生2：投影仪可以把投影片投影到银屏上。

生3：放大镜可以把小字体放大。

教师引入：此时此刻我们欢聚一堂，这美好的一刻用什么来记录？其中最常用的就是照相机。它的结构和工作原理是怎样的呢？今天我们就来揭开它的神秘面纱。

思考：以熟悉的场景和画面引入，容易激起学生的学习兴趣和学习的欲望。

教学片段2：介绍照相机结构及动手制作模拟照相机

1. 教师通过多媒体展示照相机的结构图并出示实物——相机模型

学生：分组认清照相机的结构，主要部件（镜头、快门、胶片等）及成像特点。

教师：（1）演示相机模型照相。

（2）指出所有照相机的前面都有一个镜头，镜头的作用就相当于一个凸透镜。来自物体的光经过照相机镜头后汇聚在胶卷上，形成一个缩小的像。

（3）简单介绍数码相机。

2. 指导学生制作照相机模型，让学生观察照相机所成的像

出示一个自制的照相机模型。

师：下面我们以小组为单位，各自动手制作照相机模型。

让学生拿出制作模型的材料：焦距为10cm的凸透镜（刚好能卡在一个纸筒中）、两个大小相差很小的圆形硬纸筒（用卷筒纸中的纸筒）、白纸、粘胶纸等。

师：我们可以怎样制作相机模型？

学生分组讨论回答。

甲组：将凸透镜卡在一个纸筒中，在纸筒后粘上白纸作为胶片。

乙组：把白纸粘在另一个筒口，再套在第一个纸筒中，这样可以调节胶片与镜头之间的距离。

师：同学们认为哪一种方法更科学？为什么？

生：第二种更科学，这样可以调节胶片与镜头之间的距离。

师：好，现在开始制作，比赛哪个小组做得最快最好。

学生以学习小组进行实验，教师巡回指导，纠正部分小组两个筒太长或太短的情况。

师：请把照相机模型的凸透镜那端对着烛焰，拉动纸筒，观察薄膜上所成的像。

师：像与物体比变大了还是变小了？

生：像比物体小。

师：像是正立还是倒立？

生：像是倒立的。

师：比较像距与物距，哪个大？

生：像距小于物距。

师：请每组其他同学都观察一下窗外明亮的景物，并讨论刚才的问题。

让学生分组观察和讨论。

师：哪位同学能描述一下你们看到的像是怎样的？

生：像比物体小，像是倒立的，像距小于物距。

师：很好。

思考：让学生经历制作模型照相机的过程，经历照相的过程，让他们获得成功的愉悦。通过投影仪演示，使学生很直观地知道投影仪的成像特点。通过自主探究，引起他们的兴趣，让他们体会到物理就在身边。

教学片段3：投影仪

教师出示投影仪实物。

学生对照教材上的图片与实物，认清投影仪的主要部件。

教师演示1：把投影仪上的平面镜取下，把一支笔放到载物台上，记下笔头所对的方向。调节镜头，在天花板上就能得到投影片上图案清晰的像，再记住笔头的方向。

师：现在同学们观察演示实验，根据实验现象，像的大小、正倒及像距与物距的大小比较各是怎样的？

学生观察思考。

教师演示2：将一幅动物图（不要放对称的图）放在观物台上，看看放出的图像有什么特点，将图像倒过来放呢？记下它们各自的位置，装上平面镜后，再重复上述操作，比较一下两次的结果有何不同。

师：现在同学们再次观察演示实验，根据实验现象，像的大小、正倒及像距与物距的大小比较各是怎样的？

学生分组讨论。

生：像比物体大，像是倒立的，像距大于物距。

师：回答得很好。

投影教材图5.2-3的投影仪原理图。

师：投影仪上有一个相当于凸透镜的镜头，投影片上的图案通过这个凸透镜形成一个放大的像。平面镜的作用是改变光的传播方向，使得射向天花板的光能在屏幕上成像。

思考：通过照相的过程和对投影仪演示的观察及自主探究和相关拓展，让学生学会观察，学会思考，学会归纳。我们的教学要确立以人为本的思想，以学生为主体，充分相信学生有巨大的潜能，不是过多的干预，过多的束缚，过多的包办代替，充分放手，多给学生自由支配的时间，放飞学生的思想，激发学生的探究欲望，让学生在自行探究中获取真知锻炼能力。

教学片段4：放大镜

师：放大镜是凸透镜还是凹透镜？像与物体的比较（大小和正倒）有何关系？

指导学生用放大镜观察课本的文字和手纹。

生：放大镜也是一个凸透镜，通过放大镜能看到正立、放大的虚像。

师：我们在透明的塑料三角尺上滴一滴水，用它观察课本上的字，看看字是不是放大了，为什么？

教师巡回指导时，注意对做得既快又好的学生给予表扬，同时也鼓励做得较慢的学生，培养学生的观察分析能力和动手能力。

生：字被放大了。水滴相当于一个凸透镜。

学生在评估过程中可检验自己的做法，提高实验判断能力。

思考：给学生提供了自由学习的时空，让学生根据自己的设计去完成实验，自主地参与教学全过程。多给学生一些思考时间，一些动手机会。实践证明：学生对时间、空间、材料有了自由支配的权利之后，他们才能敢做、敢想、敢说，才能积极地参与到学习中来，获得亲自参与研究探索的积极情感体验，才能使个性和创新能力得到很大发展。

教学片段5：实像和虚像

师：请同学们自学教材第96页"实像和虚像"部分的内容。

根据下列提示，各小组分析实像、虚像特征：

（1）能否由实际光线汇聚而成？

（2）能否用光屏承接？

（3）能否用眼看到？

（4）在凸透镜成像中，实像、虚像与物在透镜的同侧还是异侧？

师：实像和虚像的形成原因是什么？

生：实像是由实际光线汇聚而成的，虚像不是由实际光线汇聚成的。

师：如何区分物体所形成的像是实像还是虚像？

生：实像是可以用屏接收，都是倒立的。虚像不能用屏接收，都是正立的。

师：照相机、投影仪、放大镜成的像分别是实像还是虚像？

生：用白纸分别放在上述仪器的成像处，看能否承接像。

思考：实像与虚像的初步概念在上一章已经涉及，本节又回顾了该知识点，在三次观察探究过程中又进行了渗透点拨，所以本节把它放在梳理深化环节，通过学生的阅读自学来处理，点到为止，不要占用过多时间。改变学习方式，通过探究空间的创设，学生们懂得了学习不能被书本束缚，综合运用多方面的知识，动手做实验和分析思考，扩大了学生的视野和知识面。

小结与反馈（略）。

名师点评

在本节课的教学过程中，教师能把探究学习能力的培养放在首位，体现以学生为主体的原则。课堂中教师积极鼓励学生进行小组讨论，团结合作齐动手，让学生自己观察思考，发散学生的思维，教师也很好地起到了启发、诱导、点拨的作用。

本节课第二个环节是课堂教学的核心内容，着重解决照相机、投影仪、放大镜的应用及成像问题，但解决问题的过程并不是完全意义上的探究，而是演示、观察、制作、探究的混合过程。在这个过程中，主要目的是总结完成成像特征，同时根据课堂的情况适时增加三种凸透镜的动态调节来观察像的大小变化，深化了凸透镜成像的内涵，培养了学生探究问题的能力，通过深度思考探究，达成了较好的教学效果。

虚像、实像可以从成像原理上进行区别，通过画成像光路图，让学生深入比较，加以区别。需注意强调，虚像、实像眼睛都能看到，关键是折射光线相交而成的是实像，折射光线的反向延长线相交而成的是虚像。

《凸透镜成像规律》课堂实录与思考

2016年11月，笔者很荣幸能代表佛山市南海区大沥镇参加佛山市第四届初中物理优秀课例展示活动，课题为"凸透镜成像规律"。来到陌生的学校，面对陌生的环境和陌生的学生，再加上本节课的教学内容较多，难度较大，要求学生的动手能力和分析总结能力也要强，因此针对本节课，笔者动了不少脑筋，想了很多方法，也听取了很多有经验的教师的意见，最终获得了市一等奖的成绩。现将课堂上的教学片段记录下来并结合自己的思考形成案例，冀望对物理教师的成长有一些有益的帮助。

教学片段1：学生操作实验——探究成实像时的规律

师：在做实验之前，我们先来了解要记录的表格数据。请大家翻开学案纸第2页，我们先来了解本次记录的数据有哪些。

生：物距、大小、正倒、虚实、像距。

师：等一下实验的过程中，老师想让部分同学把你的数据展示在老师的表格上，物距和像距需要我们输入，大小、正倒、虚实我们可以通过这个三角形下拉选择，同学们有没有问题呢？

生：没有。

师：我们的实验从简单的开始，先做物体在焦距 f 以外的成像规律。我们看看焦距以外有几个区间，有 $u>2f$，$2f>u>f$ 两个区间，还有 $u=2f$ 这个特殊的点，为了实验结论更具有普遍性，所以在三个地方都必须做实验。下面老师给10分钟的时间让大家做实验，现在做好准备了吗？实验开始！

学生操作实验，教师巡查和指导，让学生把数据填到电脑上。

师：（10分钟后）请大家把LED灯关掉。刚刚在实验的过程中，老师请部分同学在这里填写数据，请看这里的数据，让我们先对数据进行排序。看着表格的数据，大家会有什么样的发现呢？（停顿）请把你的发现与同学分享，并完成表格下的讨论1~3题。

学生开始讨论分享，完成教学案上相关的填空，教师巡查。

师：同学们都写完了吗？请这列同学"开火车"告诉老师答案。

学生回答问题，教师同时把结果用课件展示出来，板书。

生：$u>2f$，缩小、倒立、实像，$f<v<2f$。

师：好，接着下一个空。

生：$u=2f$，等大、倒立、实像，$v=2f$；$f<u<2f$，放大、倒立、实像，$v>2f$。

师：同学们，他把3个小题的答案全填对了，我们是否该给他掌声呢？

全班鼓掌。

师：现在让我用课件把你们刚才做的实验过程还原出来。请大家看这个几何画板（用几何画板演示）。现在老师把物体移动到这个地方，说明这时的物距u满足什么条件？

生：$u>2f$。

师：像距v处是什么？

生：倒立、缩小的实像。

师：这时的像距v在哪里？

生：$f<v<2f$。

师（继续移动几何画板）：这时呢？

生：$u=2f$，成倒立、等大的实像，$v=2f$。

师（继续移动几何画板）：这时呢？

生：$f<u<2f$，成倒立、放大的实像，$v>2f$。

师：同学们注意观察，老师在实验过程中逐渐把物距减小，此时的像距和像的大小发生了什么改变呢？

生：像距变大，像变大。

师：请同学们马上把第4题的答案填在教案里。

思考：笔者认为凸透镜成像的规律需要学生做实验，自行总结出来，这样才有助于学生的记忆。因为凸透镜成像规律一共有五个，如果一下子让学生完成五个实验探究，对于学生来说，实验量未免过大，同时也可能让学生在操作实验的过程中出现步骤混乱的情况，因此笔者把该实验的探究分成三个板块让学生分开探究，分别是成实像时的规律（$u>2f$，$u=2f$ 和 $f<u<2f$），成虚像时的规律（$u<f$ 和 $u=f$）时的规律。这里首先让学生探究成实像时的规律，通过几个小组展现出来的数据，让学生小组总结规律后，再次通过几何画板的演示，进一步巩固学生对规律的理解和记忆。

教学片段2：游戏巩固

师：下面我们来玩个小游戏，互动一下。对应的游戏规则我们来看视频了解一下。

教师播放小游戏视频，同时准备好游戏道具。

师：同学们都清楚游戏规则了吗？下面想请数位高手上来挑战一下。有自愿的？

学生举手和推荐同学。

师：这3个代表实像，这个代表虚像。抢对和摆对才正确哦。

师：现在老师来摆放物体。

教师把物体贴在主光轴上某个区间，学生挑对应的像。

师：请几位高手先让同学们看看谁选对了像呢？

师：请这位同学把像贴在对应的位置。

学生在对应位置贴像。

师：请问对了吗？

生：错了。

师：那谁来告诉老师，应该贴在哪里？

生：$u<f<2f$ 区间。

思考： 本节课在最后环节设计了一个小游戏，让学生通过观看笔者录制的游戏规则介绍视频，然后再通过玩游戏的方式进一步巩固对凸透镜成像规律的记忆。结束之前的小游戏活跃了课堂的气氛，毕竟通过一节课的探究和规律分析总结，还要学生对该规律进行记忆，对于学生来说相对比较吃力，课堂气氛稍微会沉闷下来，这时候让学生玩一下游戏，就能够让学生一下子活跃起来，也能帮助学生记忆规律，教师也能检查学生的学习情况。

名师点评

作者这节《凸透镜成像规律》课例，参加了佛山市第四届初中物理优秀课例展示活动，并获得了市一等奖。这是一节难度很大的课，最大的难度在于如何让学生处理数据并通过数据得出结论。作者巧妙地利用几何画板来总结实验规律，这是一个新的尝试，教学片段2的设计使平常沉闷的课堂有了新的活力。作者是刚毕业两年的年轻教师，通过比赛及写课堂实录，对本节课的教学情景的描述和反思，提升了教学的专业水平。这种深入教研有利于新教师尽快成长，并形成独特的教学风格。

《眼睛和眼镜》课堂实录与思考

眼睛是人体重要的器官之一，是一个相当复杂的天然光学仪器，学生对于眼睛成像的相关知识了解较少，但是又非常感兴趣。在物理教材上它是凸透镜成像知识的延续，属于知识应用的范畴。在课堂上如何让学生通过自主分析掌握知识，把知识融为常识是本课题教学设计的重点内容。

教学片段1：情境导入

师：大家看看身边的同学，谁能最快数出我们班里戴眼镜的同学有多少？

PPT投影：我们班里戴眼镜的同学有多少？

师：好，请最快举手的同学回答。

生：有41个。

师：你们觉得多不多？

生：很多啊。

师：是啊，戴眼镜的人越来越多，国际上还专门定了每年的6月6日作为"世界爱眼日"提醒人们爱护眼睛。

PPT投影：6月6日世界爱眼日。

师：那你们知道为什么人会近视吗？

学生举手回答。

生：因为我们看电视，玩电脑、手机的时间太长了，所以就近视了。

师：说得很对，这些是很常见的诱因，那为什么玩手机太久会近视呢？

生：不知道。

师：那这节课让我们一起来研究一下眼睛的秘密。

思考：通过提问班里戴眼镜的同学有多少，迅速把学生带入课堂，让不同层次的学生都能开始思考问题，而且是让最快的同学回答问题，可以刺激学生的好胜心，在竞争中共同进步。再进一步提问戴眼镜的人多不多，进一步在无形中提醒学生，现在很多人用眼不健康，需要戴眼镜，让学生重视用眼问题。此外，在课堂上科普世界爱眼日，让学生增长知识以及重视眼睛的健康。最后顺其自然地通过提问引发学生思考为什么眼睛会近视，引出本课的内容，使学生带着疑问、好奇心正式进入本课的内容。

教学片段2：认识眼睛怎样看到物体

师：在研究近视的成因之前，我们需要先学习眼睛是怎样看到物体的。请问有没有很厉害的同学知道眼睛是怎样看到物体的呢？

学生举手回答。

生：我知道，因为我们的眼睛有晶状体、眼角膜，物体通过成像在我们的视网膜上，然后再通过神经进入我们的大脑。

教师在黑板画图标明。

师：这位同学的生物学得非常好。实际上，眼睛看物体时和我们前面学的照相机的原理是一样的，眼睛中的晶状体和眼角膜相当于照相机的凸透镜，而视网膜相当于照相机的光屏，还有没有同学记得照相机成的是什么像啊？

PPT投影相应的图片以及文字。

学生举手回答。

生：照相机成的是倒立、缩小的实像。

师：对，很好，我们的眼睛就像照相机那样成的是倒立、缩小的实像。

此时，又有学生主动举手提问题。

生：老师，那为什么我们平时看到的东西是正立的呢？

师：这个问题提得很好！我们平时通过大脑看到的东西的确是正立的。但是当物体成像在视网膜的时候，像是倒立的，再通过神经传进到我们的大脑时，我们的大脑对像进行了处理，让我们最终看到正立的像。

此时教师稍做停顿，观察学生的反馈，再接着讲下面的内容。

师：下面我们一起来观看正常人的眼睛是怎样看远处的和近处的物体的视频。同学们在观看的过程中，注意观察晶状体是怎样变化的。

播放视频。

师：眼睛通过睫状体来改变晶状体的形状。当睫状体放松时，晶状体比较薄，相当于凸透镜比较薄，远处物体射来的光刚好汇聚在视网膜上，眼睛可以看清楚远处的物体；当睫状体收缩时，晶状体变厚，相当于凸透镜变厚，对光的偏折能力变大，近处物体射来的光汇聚在视网膜上，眼睛可以看清楚近处的物体。

在讲解的过程中，教师在黑板上配上相应的板书和画图，加深学生的印象和理解。

思考：在课前，我与生物老师沟通过，了解到学生在生物课上已经认识了眼睛是怎样看到物体的。据此背景，我把这个问题抛给学生，让学生作答，提高学生的学科联系，并且把眼睛的结构及成像规律与之前所学的照相机联系在一起，让学生的知识形成连贯性，并且以画图辅助教学，让学生的理解更加直观和有趣。当学生有所思考后，一个明显的矛盾就出现了，理论上视网膜成的像和照相机一样，成的是倒立缩小的实像，可实际上我们看到的是正立的像，教师通过解释成因，可以进一步深化本节课的内容以及勾起学生的求知欲。同时通过这个矛盾点加强学生对本节课的记忆，最后再通过直观的视频，让学生了解晶状体在眼睛看近处和远处时的变化，为下面认识近视眼和远视眼的成因做铺垫。

教学片段3：认识远点、近点和明视距离

师：请大家自主阅读教材第100页，了解什么是远点、近点和明视距离，待会儿抽学号进行提问。

师：下面有请25号同学来为我们讲解近点、远点和明视距离是什么。

生：依靠眼睛调节所能看清的最远和最近的两个极限点叫作远点和近点。正常眼睛的远点在无限远处，近点在大约10cm处。正常眼睛观察近处的物体最清晰而不疲劳的距离大约为25cm，这个就是明视距离。

在学生讲解的过程中，教师在黑板上列出相应的板书。

师：回答得非常好，因此，我们平时在读写时，要注意与书本保持距离25cm左右。

思考：由于远点、近点和明视距离的知识点简单且书本有列明，所以我把这个知识点交由学生处理。回归到教材，锻炼学生的阅读自学能力。此外，抽学号提问有助于提醒学生任何人都有可能被提问，从而可以督促每个人都要认真看书和思考。

教学片段4：近视眼及其矫正

师：近视眼的同学只能看清近处的物体，看不清远处的物体。下面我们来看看近视眼的同学的晶状体究竟怎么了。

教师PPT展示相应图片，学生认真观察然后进行讨论。

学生举手回答。

生：我发现，近视眼的晶状体太厚，折光能力太强了，来自远处的光汇聚在视网膜的前方。

师：回答得很好，请问有没有同学能想出近视眼的同学应该佩戴凹透镜还是凸透镜呢？

学生举手回答。

生：我们要让进入眼睛的光提前发散，所以在眼睛前方放凹透镜就可以了。

师：很好，请同学们完成导学案相应的填空内容。

PPT投影答案。

思考：展示相应的图片，让学生直观地认识近视眼的晶状体的特点，并让学生根据前面凸透镜对光起汇聚、凹透镜对光起发散的作用特性，通过小组讨论自行推导出近视眼应该佩戴凹透镜，既加强了学生的协作，又激发了学生的主观能动性，而不是传统的死记硬背。最后通过习题巩固知识，起到了强化知识理解的作用。

👤 名师点评

《眼睛和眼镜》这节课，学生比较熟悉，可以说每天都接触到相关的知识。如何让学生在课堂上感受到耳目一新的知识？这值得上课教师认真思考。作者在本节课中以多种教学手段让学生理解近视眼及远视眼的成因及纠正，使学生一直带着疑问、好奇的心态融入课堂。作者在教学中引导学生回归教材，注重培养学生的自主学习能力、观察能力。

如果在教学片段4中能加进用激光照射果冻，不断用激光刀片切薄果冻的模拟实验（也可以用水球替代实验）帮助学生理解近视眼形成及纠正，可以使课堂更加生动。

《质量》课堂实录与思考

　　笔者曾到兄弟学校向全区物理骨干教师开设了一堂公开课，课题是"质量"。来到陌生的学校，面对陌生的学生，加上本节课教学内容多、难度大，如何活跃课堂气氛，调动学生的积极性？如何处理好教学环节以取得实效？为此，笔者动了不少脑筋，也采用了很多方法，收效不错，结果得到了与会专家和教师的充分肯定和高度赞誉。现将课堂上的教学片段记录下来并结合自己的思考形成案例，冀望对物理教师的专业成长提供一些有益的帮助。

教学片段1：课堂引入

师：我这里有几样东西，同学们说说看，这是什么？（铁锤）这又是什么？（铁钉）

师：铁锤和铁钉有一个共同点，同学们说是什么？

生：都是由铁组成的。

师：对！其实，在大千世界里，大到天体如太阳、月球，小到老师手里的粉笔，都是由物质组成的。

PPT投影：一切物体都是由物质组成的。

师：铁锤和铁钉谁含的铁多些？

生：铁锤。

师：谁重些？

生：铁锤。

师：我们通常说重的物体质量大些，也就是铁锤的质量大些。

师：什么叫质量？

PPT投影：物体所含物质的多少叫质量。

师：锤柄和课桌谁含的木头多些？

生：课桌。

师：谁质量大些？

生：课桌，物体含的物质越多，质量越大。

思考：游戏缩短了师生的距离，老师的神秘礼物让学生期待。学生有争强好胜的心理，个个都愿意成功。实践证明，他们在接下来的课堂回答中积极举手，表现甚佳。铁锤、铁钉和课桌是生活中常见的物体，教学中通过列举学生熟悉的这几种物体以及对实物的观察，明确"物体"与"物质"概念的区别。再利用"物质有多有少"的知识基础，建立质量的概念。

教学片段2：感受质量

师：质量有单位吗？质量的主单位是什么？质量的常用单位是什么？它们的换算关系是什么？

PPT投影：质量单位吨（t）、千克（kg）、克（g）之间的换算关系。

师：请同学们用1分钟时间阅读教材第111页内容，了解"国际千克原器"的由来。

师：现在让我们来感受下生活中一些常见的物体的质量。

师：请同学们把物理课本捧在手里掂一掂，估测物理课本有多少克，看谁估测得最准。

生1：350g。

生2：200g。

生3：100g。

生4：10g。

教师用PPT投影出物理课本质量：200g。

师：同学们为估测最准的同学鼓掌喝彩！

教师再要求学生感受桌面上的1元硬币和一个鸡蛋的质量，并用PPT投影出1元硬币10g，一个鸡蛋约50g。

思考：物理教学应遵循"从生活走向物理，从物理走向社会"的理念，让学生真正体会到所学物理知识在现代社会生活、生产和科技等领域的应用。同样的物理课本，四个学生估测的质量由10～350g，前后相差34倍，这说明现在的学生生活经验相当少。可喜的是，近年来各地的中考试题加强了诸如质量、长度、时间、速度等物理量估测的考查。可见，课堂上加强估测能力的培养很有必要。

教学片段3：质量属性

师：我手里有两张相同的纸片，一张已折成纸飞机。比较这两张纸有什么不同？什么相同？

生：形状不同，质量相同。（教师请一名学生把纸飞机在教室里飞起来）

师：飞出去的纸飞机什么变了？什么没变？

生1：位置变了，质量没变。

生2：速度变了，质量没变。

教师肯定生1的正确，同时表扬生2的大胆猜想。（关于速度变了、质量是否改变，留作课后讨论）

教师把另一张纸揉搓成球状，说是抛绣球，向学生抛出去。学生们哄堂大笑。

师：我手里是一瓶矿泉水，把它放进冰箱冷冻室，一天后，水会变成什么？什么变了？什么没变？

生：水变成了冰，状态变了，质量没变。

PPT投影：质量是物体的性质，不随物体的状态、形状和地理位置的改变而改变。

思考： 课堂上物理知识不是简单直白地告诉学生，而是通过一系列简易小实验创设情境，通过师生良好互动，让学生去思考感悟问题，达到让学生自主构建知识的目的。物理情境是提出问题的根据，从物理现象的观察、物理概念和规律的理解等方面提出问题，可使抽象问题具体化、枯燥知识趣味化，进而激发学生发现问题的热情和探索问题的欲望。在教学过程中，教师可以通过小实验、图片、视频及小故事等具体的物理情境设计，将知识问题化，问题情境化。

教学片段4：游码作用

师：托盘天平如何使用呢？同学们课前已做了预习，现在让我们一起来加深理解。

师：同学们预习中有什么疑问？

生1：向右移动游码为什么就相当于在右盘中加小砝码？

生2：游码读数为何以左边为准？

生3：……

教师演示实验：调好的天平，在右盘中加小砝码，右盘下沉；把小砝码从盘中拿出来，向右移动游码，右盘也下沉。这很好地说明了第一个问题。

师：请同学们把天平游码归零，仔细观察游码左边对准在什么位置？

生：游码左边对准零刻度线。

师：同学们明白游码读数为何以左边为准了吧。

思考：教学要从学生的实际出发，及时了解学生的需要，才能有的放矢。实践证明，学生"点菜定单式"的教学，再通过直观实验和学生亲自体验感悟，是突破教学难点，提高教学效率的有效措施。

教学片段5：天平使用

师：现在，请同学们按照天平的使用说明开始做实验。要求测出台面上鸡蛋、硬币、笔盒或身边其他物体的质量。

学生开始做实验。教师巡堂，把学生在实验操作过程中出现的问题一一用手机拍下来。学生实验完毕，教师把所拍摄的问题通过云技术传到屏幕上并展示出来，让学生通过抢答赛找出问题所在。

现象一：如图1所示。

师：错误在哪里？

生：没有将托盘天平放在水平台上。

图1 错误一

现象二：如图2所示。

师：错误在哪里？

生：调节平衡时游码未归零。

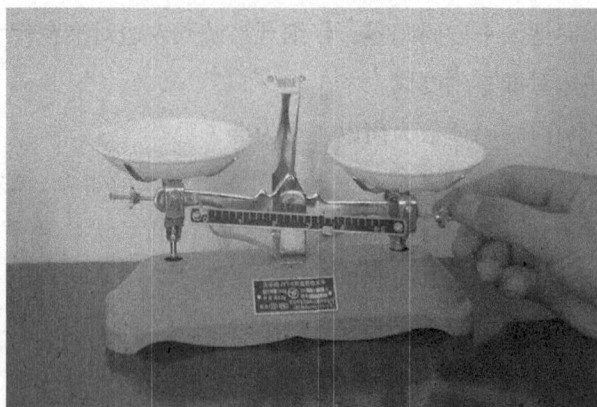

图2　错误二

现象三：如图3所示。

师：错误在哪里？

生：直接用手拿砝码。

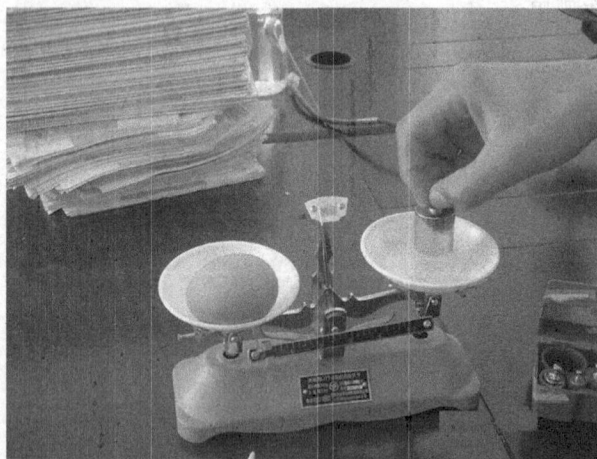

图3　错误三

现象四：如图4所示。

师：错误在哪里？

生：超过量程（损坏天平，无法测出物体）。

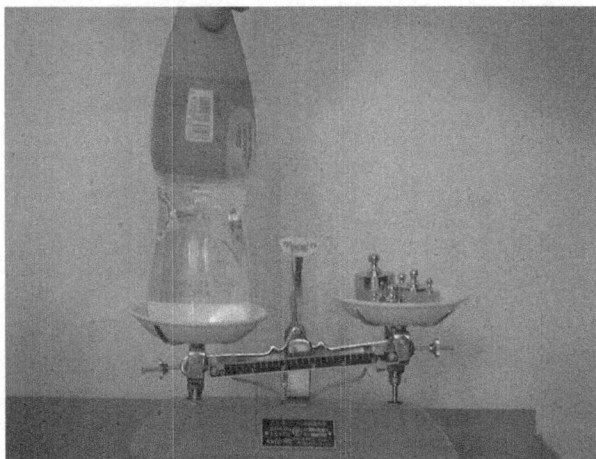

图4　错误四

现象五：如图5所示。

师：错误在哪里？

生：物体与砝码位置反了。

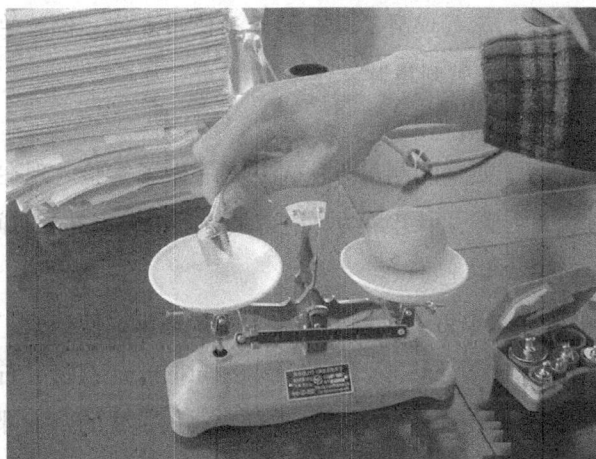

图5　错误五

现象六：如图6所示。

师：错误在哪里？

生：称量时，手移动了平衡螺母。

图6　错误六

思考：在课堂上，教师利用现代教育技术，用先进的云技术通过投影实时把学生实验操作中出现的问题一一展示出来，大大提高了课堂效率，表现为：一是增加了课堂容量，二是将学生的错误操作当作教学资源加以充分利用，三是通过竞赛抢答活动调动了学生的学习积极性。通过本环节的活动，使学生体会到了物理的趣味性，深刻理解了天平的正确使用方法。但教学也要注意将技术与教学内容有效结合，做到适时、适度。

教学片段6：归纳小结

师：同学们学习了质量的测量方法，并亲手做了实验。现在小组讨论，总结天平的使用方法，看哪一小组归纳总结得最好。给大家2min时间。

学生思考、讨论，整理要点。

生1：把天平放在水平台上，调节横梁上平衡螺母，使……

生2：测量前——放平、移零、调平衡，测量时——左物、右码、移游码。

学生为生2的精彩归纳而鼓掌喝彩，教师对每位学生的归纳都充分肯定。

思考：归纳小结的任务是要将相关知识提纲挈领、加工重组、形成体系，使之由"繁而杂"变成"少而精"，由"散而乱"结成"知识网"。

本节《质量》教学案例包含了六个教学片段，有问题的提出，同时也有解决这些问题的方法；它以丰富的叙述形式描述了一些具体教学实践，展示了一些包含有教师和学生的典型教学行为、思想、情感在内的故事，同时还进行了反思并发表了自己的一些看法，也就是点评。一个好的教学案例就是一个生动的故事加上精彩的点评。

通过教学案例的撰写，即对教学情景的描述和反思，既能提升教师自己教学工作的专业化水平，又能为其他教师分享教学经验。

名师点评

本节教学设计的最大亮点是托盘天平的实际操作，很好地培养了学生的动手能力与自觉遵守操作原则的良好习惯和严谨的科学态度。作者在学生实验前把涉及器材安全的问题作为强制性要求，并提示学生思考这样要求的道理。托盘天平的使用是本节的重点和难点。在教学中，作者没有生硬地告诉学生使用托盘天平的步骤和注意事项，而是通过让学生边操作边思考，通过观察和分析，在操作体验的基础上体会托盘天平的操作程序和规则。作者注重通过对托盘天平的实际操作，培养学生的动手操作能力、自觉遵守操作原则的良好习惯和严谨的科学态度，通过交流与讨论，培养了学生探究、合作、主动学习的能力，并让他们在学习中体会探究的乐趣。天平是精密的测量工具，作者还有意培养了学生注意仪器安全的意识。

《密度》课堂实录与思考

密度是在学习了质量之后引入的一个新物理量，是这一章的核心内容。它在全章中起着承上启下的作用，并为以后学习压强和浮力等知识做铺垫。同时密度是用比值不变来定义的一个新物理量，对初中生而言比较抽象，本节内容也是一个教学难点。笔者在课堂引入、概念引出等方面都花了些心思，做了些铺垫，力争让学生在学习本节课的内容时思路更清晰，理解起来更容易。

教学片段1：课堂引入

师生问好。

师：（边讲边展示）老师这里有两个体积相同的固体，分别是铜块和铝块。你能帮老师确定哪一块是铜块，哪一块是铝块吗？请说出你的方法。

生1：很简单。黄色的是铜块，白色的是铝块。

师：正确。这位同学是通过物质的颜色不同区分它们的。还有其他办法吗？

生2：因为它们体积相同，所以质量更大的是铜块，质量较小的是铝块。

师：很好。刚才的同学利用上节课我们学习的质量来区分它们。

师：（边讲边展示）老师这里有两个相同的烧杯，里面分别装了水和酒精。怎么区分它们？

生（齐）：可以通过气味来区分，一闻就知道了。

师：好！我们请一位同学上来闻一闻，并请他做出判断。

学生上台闻了闻，做出了正确判断。

师：刚才咱们通过物体的颜色、质量和气味来区分不同的物质。而颜色、质量、气味都是物质的性质。刚才的问题都很简单，老师现在把问题升级。（边讲边展示）有两个被纸包裹着的质量相同的铜块和铝块，怎么区分它们？不能撕开纸，请同学们想想办法。

生3：因为它们质量相同，所以体积小的是铜块，体积大的是铝块。

师：聪明！这个方法是正确的。（边讲边展示）两个被纸包裹着的质量和体积都不同的铜块和铝块呢？怎么区分它们？请同学们思考一下。

生：思考不出来。

师：从这个问题可以看出，只凭质量和体积，有时候并不能区分物质。其实要解决这个问题，只要学习今天的内容——密度，就很容易解决了。

思考：密度这个概念比较抽象，对于初中生而言不太好理解。如果直接讲质量与体积的比值，许多学生会感觉比较困惑：为什么要这么搞？通过上面的问题设计，既能合理地引出质量与体积的比值，又能让学生更容易理解密度是物质的另一种性质，可以用来鉴别物质。

教学片段2：引出概念——密度

师：通过刚才的实验，我们发现：同种物质的质量与它的体积成正比，即同种物质的质量与体积的比值是一定的。因为被测物体的体积增加了多少倍，它的质量刚好也增加了多少倍。而且一般而言，不同的物质这个比值也不一样。那么，我们自然可以用这个比值来区分不同的物质（如刚才的两个被纸包裹着的铜块和铝块），这个比值是物质的一种新的性质。为了方便研究这种新的性质，我们给它取了一个专门的名字——密度（ρ）。密度的定义为：某种物质组成的物体的质量与它的体积之比。用公式表达就是？

生：$\rho = \dfrac{m}{v}$。

师：很好！完全正确。只要你真正理解了密度的含义，公式自然也就出来了，不用死记硬背。

思考：有了课堂引入的问题铺垫，再结合实验数据不难让学生理解：对于同种物质组成的物体，其质量与体积的比值是一个定值，而不同物质这个比值一般不一样。所以，我们可以用这个比值来区分不同的物质，同时这个比值也应该是物质的一种性质。我们就把这个比值定义为密度。

教学片段3：密度的物理意义及其简单应用

师：通过刚才的学习我们知道，密度是质量与体积的比值。老师现在考考你，看你对密度的理解对不对？一杯水与一桶水相比，一桶水的质量更？（学生回答：大）它们的密度？（学生回答：相同）所以密度与质量大小？（学生回答：无关）小铁球与大铁球相比，大铁球的体积更？（学生回答：大）它们的密度？（学生回答：相同）所以密度与体积大小？（学生回答：无关）既然密度与物体的质量和体积均无关，那么密度到底与什么有关？请大家仔细思考，也可以与旁边的同学讨论，密度究竟反映了物质的哪种物理性质？

生1：密度反映了单位体积内物体所含物质的多少。

生2：密度反映了物体所含物质的疏密程度。

师：非常好，掌声鼓励。这两种理解都是正确的。请看PPT，通过这两张图片的对比，可以看出密度反映了单位体积内物体所含物质的多少，或者说反映了物体所含物质的疏密程度。既然是疏密程度，自然与物体的质量和体积大小无关。

说明：可能多数学生都不能回答出来，但没有关系，这里的目的是引导学生思考。如果没有学生回答出来，可以由教师来告诉他们。

师：同学们再看到密度公式 $\rho = \dfrac{m}{v}$，相信大家对它会有更深的理解。接下来请大家想想，物质的密度有哪些应用呢？

生1：可以鉴别物质。

生2：如果知道物体的体积，可以求出其质量。

生3：如果知道物体的质量，反过来可以求出其体积。

师：同学们说得非常好。密度确实可以用来初步鉴别物质，为什么说是初步呢？因为有些不同的物质，它们的密度却是相同的。例如，煤油和酒精，要区分它们就得依靠其他物质的性质了，比如闻起来的味道。知道了密度和体积可以求出物体的质量，特别是有些物体的质量不方便直接测量时，这就非常有用了。例如，天安门广场的人民英雄纪念碑。请看例题，自己试着求出其质量。

思考：对密度概念的理解是本节课的难点。特别是密度与质量、体积无关，这个知识点学生很容易犯糊涂。教师可以先举例对比，为学生搭好梯子。理解密度与质量、体积无关后，自然可以引导学生思考密度与什么有关，究竟反映了物质的什么性质。这里反过来也可以帮助学生理解前面的难点。关于密度的简单应用，教材例题是一个很好的例子，应该用好。

教学片段4：例题训练

师：人体是不规则的，很难直接测量体积。学了本节知识后，我们就有办法估算自己的体积了。请在课堂练习本上完成例题2。

例题2：人体的密度跟水的密度差不多，请根据课本中的密度表和你的质量，估算一下自己身体的体积。

思考：本题目看似简单，但其实既考查了学生查阅密度表的能力，又引导学生学会根据质量计算不容易测量不规则物体的体积。通过使物理知识与生活产生联系，既能加深学生对密度公式的理解，还能激发学生的学习兴趣。综合来看，这是一道很好的题目。

名师点评

本节课的教学设计思路非常清楚，层次分明，特别是对密度概念的引入，由特殊到一般，对利用比例法定义物理概念到密度概念的理解，水到渠成，生动有效，同时培养了学生的抽象思维能力。本节课通过问题引领，深入引导学生思考，实现了对密度理解这个难点很好的突破。教学直观通俗易懂，通过实验数据分析以及一杯水与一桶水、小铁球与大铁球等的分析比较，使学生很容易理解密度与物体质量和体积无关，进而引导学生思考密度其实与物质的疏密程度（种类与状态）有关。密度的应用交由学生根据公式去分析列举，有利于培养学生的自学能力，同时经过例题拓展，让学生学会查密度表与解决实际问题，教学有趣，收效甚佳。

本节课可从两个方面加以适当优化：一是对密度公式 $\rho = \dfrac{m}{v}$ 的理解，这只是一个利用质量与体积的比值来定义密度的公式，而不是密度的决定公式，要引导学生注意不能从数学角度去理解公式；二是可充分利用书中的密度表，让学生去观察发现密度的规律，进而加深对密度概念的理解。

《测量物质的密度》课堂实录与思考

本节课是谭诗清名师工作室承担的佛山市同课异构活动课例。本节课的教学理念：通过激趣，运用自主、合作、探究式学习，提高学生运用所学知识分析问题、解决问题的能力，培养学生综合实验能力和创新能力。教学方法：实验法、观察法、探究法、讨论法。教学流程：复习引入—设计实验—进行实验—得出结论—实验评估—实验拓展—课堂反馈。教学设计侧重点：操作内容的合理分配，测量的先后顺序，让学生全面体验一次科学探究的评估过程。

教学片段1：课前小测

1. 导入新课

师：同学们好！我手中有块玉石（出示玉石块），我想鉴别这块石头是不是真玉石，该怎么做呢？

生：测量它的密度，与玉石的密度相比较，便可判定真假。

师：好！我们本节课就来探究如何测量物质的密度。（板书课题）

2. 课前小测——知识准备

师：为了更好地测定密度，我想先检查一下同学们的知识准备如何。现在请同学们在导学案上完成"知识准备"小测部分，时间为3分钟。

学生做小测题。

师：时间到！（PPT投影出示参考答案）现在请同学们用红笔来评出自己的基础得分。

学生批改小测，给出得分。

师：得满分的同学请举手。

学生举手。

师：很好！请放下！这位同学没有举手，请问是哪道题出错了？错在什么地方？

生：第3题。没有看清天平测量之前，调节平衡螺母时，应先将游码归零。

师：嗯。天平在测量时，不能调节平衡螺母，而要通过增减砝码和移动游码来调节平衡。同学们，现在还有问题吗？

生：没问题了。

思考：激发兴趣，开门见山；为密度的应用做铺垫。巩固前知，树立信心，为本节课探究实验做必要的准备。

教学片段2：量筒的使用

进行新课。

师：我们已经知道，对于形状规则的物体我们只需用天平和刻度尺便能测出质量和体积，从而测出物体的密度。（出示"石湾公仔"陶瓷品花生块）

师：你能否测出这个陶瓷块的密度？用什么仪器来测定形状不规则的陶瓷块的体积？

生：能！用量筒。

师：好，那先让我们来认识一下量筒。（出示量筒、量杯）这就是测量不规则固体和液体体积的量筒与量杯。

师：现在请同学们仔细观察你们实验台上的量筒，并完成导学案自学内容。

学生完成导学案自学内容。

师：现在哪位同学愿意把你的自学成果与大家分享一下？

学生汇报自学成果，教师投影参考答案。

师：同学们对量筒的使用方法清楚了吗？

生：清楚了。

师：这里我先介绍一下，液体体积的常用单位还有毫升（mL）和升（L）。量筒的刻度单位是毫升，$1mL=1cm^3$，而$1L=1dm^3$，$1L=1000mL$。

师：现在，让我们来进行量筒读数训练。

教师投影视频，让学生抢答读数，小组加分激励。

师：既然大家已熟悉量筒的读数方法了，那怎样用量筒来测量不规则小石块的体积？

生：把量筒放在水平台面上，在量筒中先倒入水，读出水原来的体积，再把小石块放入量筒中，读出此时的体积，利用两次体积相减，便是小石块的体积。

师：聪明！量筒中倒入的水多少有要求吗？

生：倒入量筒中的水要适量，若水太少，小石块不能完全浸没；若水太多了，放入小石块后水面可能超过量筒的测量范围，无法测量。

师：考虑很周全！在量筒中需倒入适量的水，石块的体积可利用 $V_石 = V_2 - V_1$ 求出，这种间接测量固体体积的方法叫排水法。

师：小石块放入量筒中后，如何方便取出？

生：在小石块上捆扎一根小细线。

师：对！提示一下，量筒易碎，要轻取轻放，实验时注意不要用水弄湿桌面。

思考：由特殊到普遍，顺利引入量筒。从学生熟悉的物体着手，体现物理生活化。培养自学能力和观察、思考、分析能力。规范量筒的使用，培养学生爱护环境及良好的学习、工作习惯。

教学片段3：测量固体的密度

师：现在请大家思考，如何才能测量陶瓷品花生块的密度？请完成导学案的实验设计。

学生完成基本实验设计，包括实验原理、实验器材、所需要测量的物理量和实验数据表格等。

师：现在请小组交流讨论，优化本小组的实验方案。

学生小组交流讨论，完善实验方案。

师：哪个小组把你们的实验设计方案向大家展示一下？有不同意见的小组请补充或修正。

小组展示实验方案，其他小组补充、修正、优化实验方案，教师适当点评，投影优化后的实验方案。（板书：实验原理、器材、步骤）

师：万事俱备，现在请各小组开始进行分组实验：测量陶瓷块的密度。提醒一下，根据设计的探究实验方案，各学习小组要分工合作进行实验，并将实验测量数据及时记录在设计的表格里。

学生分组实验，教师巡视指导。

师：实验结束，请同学们整理实验器材，根据实验测量数据计算出陶瓷块的密度。

师：请各小组汇报实验测量数据。

根据各小组汇报的数据，教师在黑板上板书。

师：请大家根据各小组的测量数据进行讨论。你在实验过程中有什么发现？

生：我发现各小组测量结果有偏差，陶瓷块的密度并不一样。

师：你估计造成密度不一样的原因是什么？

生1：可能是陶瓷块本身材料不均匀，密度不一样。

生2：可能是用天平测质量和用量筒测体积时产生了实验误差。

师：如果实验中先测量陶瓷块的体积，后测量陶瓷块的质量，合理吗？

生：不行！因为先测量陶瓷块的体积，陶瓷块会沾上水，测量质量时会弄湿天平，并造成测量质量不准。

师：对，会产生较大测量误差。请问这样做会造成测量结果偏大还是偏小？为什么？

生：会偏大，因为所测量的体积是准确的，但所测量的质量会偏大，根据密度公式 $\rho = \dfrac{m}{v}$，可知所测得的密度结果会偏大。

师：分析很到位！对测量型实验，我们不仅要测出结果，还要优化实验方案，有减小误差的意识。

思考：先厘清实验思路。培养学生实验设计能力，讨论并完善实验方案，体现自主探究的合作学习理念。讨论活动顺序的安排，有利于培养学生减小实验误差的意识，有利于优化课堂教学效果。展示激励、自我完善，培养学生的实验操作技能及实验探究能力，培养学生与他人合作的意识和团队精神。通过对实验进行详细评估，让学生重视实验评估，学会一些实验评估的基本思路和方法，从而促进学生科学探究能力的提高。

教学片段4：测量液体的密度

师：（出示海天酱油一瓶）同学们，谁能测量我手中这瓶酱油的密度？请思考实验方案，并小组交流讨论，优化本小组的实验方案。

学生小组交流讨论，完善实验方案。

师：哪个小组把你们的实验设计方案向大家展示一下？有不同意见的小组请补充或修正。

生1：我们组的实验方案是：先用天平测出空烧杯质量m_1，再将总分酱油倒入烧杯，测出烧杯和酱油的总质量m_2，最后将烧杯中的酱油倒入量筒中测出体积V，通过计算$\rho=(m_2-m_1)/V$便可测出酱油的密度。

生2：我们组的实验方案是：先用天平测量烧杯和杯中酱油的总质量m_1，再将烧杯中的部分酱油倒入量筒中测出酱油的体积V，最后用天平测量烧杯和剩余酱油的质量m_2，通过计算$\rho=(m_1-m_2)/V$便可测出酱油的密度。

师：嗯，都可以测出酱油的密度，大家觉得两种方案哪一种更合理？请说明原因。

生：我觉得第二种方案更合理。因为第一种方案，将烧杯中的酱油倒进量筒时，烧杯壁会有残留酱油，量筒中的酱油体积比真实体积会偏小，导致测得的酱油密度会偏大。

师：大家同意吗？

生：同意。

师：分析得很好！现在就请各组按第二种方案测出桌面酱油的密度。

学生分组实验，教师巡视指导。

师：实验结束，请同学们整理实验器材，根据实验测量数据计算出酱油的密度。

师：请各小组汇报实验测量数据。

根据各小组汇报的数据，引导学生进行评价。

师：各组都会测量陶瓷块和酱油的密度了吗？还有什么问题不清楚？

生：会了。没问题。

师：那我们现在验收下本节课的内容，请同学们完成课堂反馈题。

思考：引导学生学会思考，不仅要能测出液体的密度，还要考虑如何减小实验误差，使实验方案得到优化。实验评估应引导学生思考：实验中可能出现测量误差的原因有哪些？实验过程中有什么发现？通过学生的讨论交流，对实验过程进行反思与评估，寻找在实验中可能出现测量误差的原因。最后进行爱护仪器、实验习惯培养。

教学片段5：课堂反馈

学生完成课堂反馈练习（时间为3分钟），教师巡视检查。

师：时间到！请各小组同学分别把反馈练习的各小题答案向大家汇报一下，大家若有不同意见，请提出质疑。

学生汇报反馈练习答案，大家质疑修正，教师适当点评。

思考：限时训练，及时反馈，充分发挥学生的学习自主性，教师点评激励。

教学片段6：小结

师：通过这堂课，同学们有什么收获？还有什么疑问？现在请你用简单的思维导图把本节课的知识内容小结一下，并对本节课知识进行梳理消化。

学生自我小结，并消化知识，教师巡视指导。

师：老师很欣喜同学们这节课收获满满！大家不仅学会了如何测量物质的密度，还养成了减小实验误差的好习惯，掌握了科学探究的基本方法。请同学们课外思考：

（1）怎样才能测量漂在水面上的蜡块（或木块）的密度？

（2）如果要测量的不规则物体的体积过大或无法浸入现有量筒之内，你有什么办法测量出它的体积？

我们下节课见！下课！

生：谢谢老师！老师再见！

思考：通过画思维导图，让学生自主进行知识归纳，使知识系统化。布置课外思考，使学生熟悉量筒的使用并拓展提高，培养学生的创新精神与实践应用能力。

名师点评

本节课的亮点是测量物质密度的整体实验设计思路的优化（如何安排测量的顺序及遵守实验规则，又要求减小误差）。通过学生的自主思考、讨论交流、实验探究，让学生得到了一次全面的探究活动培养。

本节课教学目的明确，教学流程设计合理，教学方法与学习方式多样，师生有效互动，教师充分利用激励评价调动学生的积极性，教学效果良好，学生操作能力和思维习惯得到了很好的锻炼。

因本节课实验内容多，实验能力要求高，特别是需要对给定的仪器进行实验设计的能力、表格设计的能力、分析实验数据并得出结论以及学会对实验评估减小实验误差的能力，建议本节课分两个课时完成：第一节测量固体密度，第二节测量液体密度。

《密度与社会生活》课堂实录与思考

本节属于新授课内容，在前面密度及其测量的基础上，进一步介绍如何利用密度知识解决实际问题。在枯燥的讲练结合的课堂教学中，贯穿一些有趣的小实验和视频，调动学生的积极性，并结合对生活中一些常见现象的解释，加深学生对密度知识的理解。

教学片段1：新课引入

教师演示实验1：在一杯盐水中倒入一些家里喂养鹦鹉的谷粒。

学生观察谷粒的浮沉情况。

师：从实验中我们看到了用密度的知识解决了选种的问题。你知道我们日常生活中运用密度知识还可以解决什么问题吗？

（板书课题：密度与社会生活）

思考：好的开始将是成功的一半，从生活引入课堂，学生兴趣更浓。

教学片段2：密度与温度

教师演示实验2：按照教材第120页"想想做做"实验，做一个风车。如果把风车放在点燃的酒精灯附近，风车能转动起来。

学生观察风车的转动情况。

师：你知道是什么推动了风车转动吗？

生：由于一定质量的气体体积膨胀后，密度变小。热空气上升后，冷空气来补充，空气流动了就形成风。

师：回答得非常好，很棒！

（板书：一、密度与温度）

结论：由于 $\rho = \dfrac{m}{v}$，一定质量的气体体积膨胀后，密度变小。

师：生活中空气在受热时体积膨胀，密度变小而上升。热空气上升后，温度低的冷空气就从四面八方流过来，形成风。

师：气体受温度的影响较大，固体、液体受温度的影响较小。

师：下面请大家完成"知识板块一"的练习2。

学生完成"知识板块一"的练习2。

教师投影练习2的答案。

师：生活中的物质大多遵循"热胀冷缩"的规律，但也有物质喜欢"热缩冷胀"。

师：冬天气温在0 ℃以下时，湖面结成了冰，行人可以在湖面上行走，那么湖底还有鱼存活吗？（多媒体展示冰面下水中嬉戏的鱼）

播放视频：冰融化体积缩小和水的反常膨胀。

学生观看视频，了解冰和水各自的特殊特点。

思考：风的形成通过小时候常玩的风车转动形象的模拟引入，有吸引力，瞬间将学生的注意力集中起来，气氛马上活跃起来了。

教学片段3：密度与物质的鉴别

师：我们看电视的时候，看见电视艺人被一块从高楼上落下的大石头砸中，一点问题都没有，头摇一摇马上没事了。真是那些艺人练就了铁头功吗？

生：不对，那些石头是假的，不是真石头。

生：那些石头是用泡沫做的，怎么打都不痛。

（板书：二、密度与物质的鉴别）

师：那怎样才能知道我手上拿着的铁球是实心还是空心的？请大家用数据来说话。

教师投影例题1：一只铁球，实验测出它的质量是81g，体积是30cm³，$\rho_{铁}=7.9 \times 10^3 kg/m^3$。

问：

（1）根据数据确定此球是实心还是空心。（要求用三种方法判断）

（2）空心体积是多少？

（3）若空心部分灌满水，则此时铁球的质量是多少？

学生在练习本上完成练习。

师：请三位同学到黑板上板书，每人一小题。

教师点评完学生的板演后，总结：与例题的道理一样，利用密度知识还可以鉴别牛奶、酒的优劣，还可以鉴定食用的花生油是否是地沟油，在地质勘探中鉴别矿石。

师：请同学们完成讲义稿的"巩固迁移"第1题。

思考：物质的鉴别其实很有实用价值，在日常生活中国家食品药品监督管理局就是对食品安全之类的问题进行监督的行政机构，教学的同时需对学生进行理想主义教育和常识介绍。本板块的例题是一道常考的题目，判断的三种方法都要向学生介绍，然后向学生介绍答题技巧：①如果问是空心还是实心，可比较密度进行；②如果题目后面还要求求空心部分体积，那在前面判断是否空心的时候，优先选择比较体积。

教学片段4：知识反馈

师：不错！现在该检查我们知识掌握的情况了。请在讲义稿中完成"总结提升"的第1至6题。

学生完成课堂反馈练习，教师巡视检查。

师：时间到！请各小组同学分别把"总结提升"的各小题答案向大家汇报一下，大家若有不同意见，请提出质疑。

学生汇报"总结提升"答案，大家质疑修正。

思考：当堂检查学生的掌握情况，通过学生之间的相互质疑解决了疑惑的地方，充分发挥了小组的作用，达成了课堂的高效率。

名师点评

本节教学目标明确，课程内容精准，符合物理课程标准，突出重点，突破难点。课堂中教师发挥主导作用、学生发挥主体作用。教学中特别注重讲练结合，在"密度与鉴别物质"环节，采用了三种不同的方法来判断物体是空心或实心，引导学生发现不同方法的优点，同时指出鉴别物质在生活中的重要性，把物理知识应用于生活。在教学方法和手段上，采用实验、讲授谈话和讨论等多种教学手段。课堂小结采用了思维导图的形式，充分体现了"五步一图"的教学模式。

教师教学与研究篇

新课程首次提出了教师是课程的开发者和建设者，因而教师不再是"教书匠"，而是课程的领导者。教师是新课程改革的巨大资源，教师课程领导力的提升能够改进课程实践和学校课程建设。实践中，教师的课程领导力必须和新课程实施的步伐保持一致，因而需要强化教师的教学研究。

教学研究是一种有目的、有计划、主动探索教学实践过程中的规律、原则、方法及有关教学中亟待解决的问题的科学研究活动。教研论文能从一个侧面反映出一个教师的基本表达能力和教学水平，进而反映其教研水平。通过教学研究，可以架起课程理念和教育理论转化为教学行为的桥梁，促进先进教学经验的提炼和传播，促进教师的专业发展和改进教学。教学研究可以促使教师的角色由传授型向研究型转变；教师在教学研究过程中也可以体现自身的价值，体验成功的快乐。一个教师如果不重视研究，或许他可以成为一个经验型的教师，但难以成为学者型、专家型的教师。当然，影响教师专业化发展的因素有很多，其中教学研究是不可或缺的方面。因此教学研究是现代教师的一项基本功。

新一轮基础教育课程改革是一次教学观念与教学方法的大变革，对教师提出了更新和更高的要求。要求教师除了具有高尚的职业道德、良好的心理素质、扎实的专业知识和较强的动手能力外，还应具有从事本学科教育、教学研究，运用确切的语言、文字表述自己的教学经验、研究成果的能力。特别是随着课程改革的实施，各级教育行政部门越来越重视教师的专业发展与个人成长，于是针对教师的各种荣誉称号如教坛新秀、教学能手、学科带头人、名教师等的评比接踵而来，还有评定职称要求在某一层次的刊物上发表几篇论文，这对提高教师的学科教学素养无疑起到了积极的促进作用。然而，教师的教学研究状况到底如何呢？

一、目前中学物理教学研究的现状与问题

（一）研究现状

根据我们了解的情况，目前一线教师的教学研究情况大致分为三种类型。

第一类是责任型的研究。这些教师认为教学研究是教师专业发展的必然要求，是教学工作中不可或缺的一个环节，是教师成长的必由之路，认为作为一个现代教师必须具备这种研究能力。所以，这部分人能在教学实践中坚持不懈地进行教学研究，在研究中学习，在学习中提高，始终站在教改的前列。这些教师提供的教研论文就是高质量的、符合教改发展趋势的、对一线教学有指导价值的。

第二类是功利型的研究。这类教师的教研完全是因为某种需求而进行的临时性的研究。例如，有的是为了评职称或者是评学科带头人等需要论文；有的是想升迁某一个领导岗位，需要具备相应的成果时才想到要发表论文。当然，这些教师提供的论文质量就可想而知了。

第三类是兴趣型的研究。这些教师将责任性研究上升成了爱好或兴趣，他们可以废寝忘食，将教学研究作为生活中的一部分去追求。职称评了，职务有了，仍然一心一意潜心研究，不断有新的教研成果出现，个人素质和知名度不断提高。

（二）存在的问题

1. 相当一部分教师缺乏教研意识

我们了解到在一线教师中只教不研的现象普遍存在。调查结果显示，我国城市中小学教师中，有"八成以上从来未在报纸杂志上发表过文章"。这从一个侧面反映出中小学教师的教育科研水平亟待提高。

2. 教研论文质量不高，甚至存在科学性问题

阅读教师撰写的论文不难发现，有相当多的教师的教学论文与他们的课堂教学及学科教学质量形成了明显的反差。教学研究已成为个人专业发展中的一条"短腿"。许多教师不知道什么是论文，评职称时拿来几道试题，或者是从

网上下载拼凑一些资料。因为理论是论文的灵魂所在，没有了理论，论文就没有了分量，缺少了力度。一些教师平时不注意教育理论的学习，申报职称时提供的"论文"尽是一些习题解析、复习资料，或是学科知识拓展之类的东西，文章缺乏理论支撑，评职晋级不予鉴定也是情理之中的事。

二、如何写出有质量的教研论文

我们曾就这个问题与学科教师做过交流，绝大多数教师之所以觉得论文难写，除了工作量大，没有时间去写外，"无啥可写"才是许多教师写不出论文的主要原因。那么，怎样才能做到有啥可写？如何写出有质量的教研论文呢？教学论文是教师教学研究的记录和总结，也是与同行交流的一种方式，它要回答以下四个问题：①要解决的问题是什么？②你是如何研究这个问题的？③研究中发现了什么结果？④这些结果有什么意义？笔者以为，要解决这些问题，关键在于我们的教师在平时的教学工作中要做到五个"善于"。

（一）善于发现问题

笔者以为，"无啥可写"的根源主要还在于许多教师缺少一双敏锐的"眼睛"，对教学中的"问题"常常"视而不见"。爱因斯坦曾说："提出一个问题往往比解决一个问题更重要。"而要提出问题，发现问题是关键。事实上，写文章的关键在于选题，选题的过程实际就是发现问题的过程。发现了问题去寻求解决的方法和途径，将这个过程整理出来写到纸上就成了文章。那么，从哪里去发现问题呢？

1. 从阅读教材中发现问题

教材是教师必读的，也是最好的读物。要使自己的阅读有所发现、有所收获，就必须做到咀嚼反刍，再三玩味，反复推敲，从中发现一些值得深思的问题。当前，一些教师阅读教材的质量和效率不是很高，原因固然是多方面的，如工作量太大，心理负担重，没有时间也没有心境去阅读等，但笔者认为缺乏良好的阅读习惯是很重要的一个原因。

2. 从教学实践中发现问题

对于教师来说，上课和听课是最普通也是最重要的教学实践。（备课是一种策略研究，上课是一种临床研究，听课是一种比较研究，评课是一种诊断式研究，"教后记"是一种反思性研究）然而，现行的课堂教学无论在教学内容、教学方法还是教学过程等方面，都存在着或多或少的问题。比如，信息技术与学科教学整合是近年来课堂教学研究中的热门课题之一。不可否认，信息技术的运用给物理教学带来了一场革命，无论是对于教师教育观念的转变和教学技能的发展，还是对于学生学习方式的转变和信息素养的提高，都起到了积极的促进作用。然而，在学科教学与信息技术整合过程中也存在着注重形式，忽视实际效果的问题。

3. 从学生学习中发现问题

学生在学习过程中犯错是最寻常不过的事，然而，通过对学生学习中出现错误的原因进行调查、分析，就会发现一些值得学科教师思考、研究的问题，如果在思考、研究的基础上再提出一些切实有效的预防措施，那就变成了一件不寻常的事。比如，学生在学习过程中经常会发生这样一种情况：在练习或考试中出现的错误，虽然经过了学科教师的纠正，但是在之后的练习和考试中，学生还是会犯同样的错误，这到底是什么原因呢？有什么方法可以预防同类错误的发生吗？在一次作业或测试中，许多学生出现了同样的错误，那么，引起错误的原因也相同吗？中学生学习物理的困难和障碍有哪些？怎样来帮助和辅导学生？这些都是我们教师可以及时去发现、分析和研究的问题。

俗话说，"处处留心皆学问"。只要我们做一个有心人，时刻关注身边的教育教学实践，通过自己的细心观察，那么就会有发现不完的问题和写不完的题目。

（二）善于深入研究

从看似平常的教学事件中看到别人没能看到的内在联系，这是观察思考的结果，也是研究的开始。无论研究什么问题，关键在于能否深入进去，对一件事物研究得越深入，发现的问题和带来的思考就会越多，就会有写不完的文章。例如，在以往的课堂教学中，教师关注得较多的是教学过程的几个环节，而对某些教学细节往往重视不够，出现了对教学细节挖掘不深或错误处置等现象。俗话说，"细节决定成败"，通过对教学细节的深入研究，你会发现，细节虽小，却能透射出教学的理念和智慧，更能体现一位教师的实力和功力。课改实践表明，教师对教学理念的接受并不难，难就难在对细节的把握和处理上。因此在平时的听课活动中，要谨防忽视细节的倾向，善于发现和捕捉有研究价值的教学细节，哪怕是一个动作、一个表情、一句对话，都要进行一番研究，因为成功的教学离不开精彩的细节。

课程改革的实施促使教师的角色由传授型向研究型转变。教师身处教育教学的第一线，掌握着很多第一手的研究素材，有着搞教育教学研究的巨大潜力。只要我们增强研究意识，把课堂、班级当成"实验室"，以研究者的身份进行课堂教学实践，全身心地投入自己的每一个研究中，勇于探索，敢于实验，就能实现由经验型向研究型的转变。

（三）善于自主学习

要成为一名研究型的教师，首先要做一名学习型的教师。以前说，"要给学生一杯水，教师要有一桶水"，现在又说，一桶水不够了，教师要有一条常流常新的河。不管是一桶水还是一条河，都要求教师通过不断的学习，来充实和更新自己的知识。特别是在当今课程改革的大潮中，只有不断学习教育改革的理论，努力提高自己的教育理论素养，才能走出实践的困惑和迷茫。因此，读书不仅是教师的一种基本的学习能力，也应是教师的一种生活态度。

当然，教师学习的内容是多方面的，除了有关课程改革的理论外，还有教育学、心理学研究发展的最新成果，有学科新的专业知识，有适应新课程改革的教学技能，有信息技术等。学习途径也是多种多样的，有条件的可以直接向专家、名师请教，平时的工作中同行教师也是自己学习的对象，通过学习，取人之长，补己之短。报刊、书籍、网络等都是学习的重要渠道和途径，观摩、进修更是学习的大好机会。教师作为知识的传播者理应手不释卷，博览群书，但现实情况不容乐观，许多物理教师除了几本教材、教参和教辅资料外，涉猎无几。试想面对信息化社会的今天，一个不学习的教师能成为一个好教师吗？因此读书是更新观念、寻求精神支点的研究。这里要特别指出的是，一定要重视对教育教学理论的学习。教学实践需要理论的指导，写论文也是如此。

《教育学》《心理学》《教学法》被师范院校的学生称为"老三篇"，是最能体现师范教育特点的"专业课"。但是，许多人做教师后都有这样一个感受，在大学里学的《教育学》《心理学》不是没有用，就是用不上。那么，《教育学》和《心理学》真的对我们的教学工作没有一点用处吗？经过几年的教学生涯以后，如果我们再翻开《教育学》和《心理学》，才别有一番感受在心头。原来我们在实践中积累的属于自己的"教育学"知识与学校中学过的某些理论是完全能够进行对接的，如果一开始就能够自觉地学习研究这些理论，用学到的理论指导教学实践，那么，课堂教学会更加有效，自己的教学水平会提高得更快、更高。

（四）善于积累素材

说到写作，有不少教师把它看作一种负担，当成一件苦差。其实，撰写论文原本就不是一蹴而就的事，它需要平时点点滴滴的积累。

作为一个教师，只要你认认真真、踏踏实实地做好教学工作，5年、10年，或者更长的时间，你必然会有或多或少的体会、感悟和经验。这些体会、感悟和经验是你撰写论文所必需的原始素材，也是自己成长和进步过程中一笔不可多得的财富。为了不让这些财富无声无息地丢失，坚持记教学日记是最有效的方法。每天晚上，忙碌了一天的你可能已经十分疲倦，这时，如果让自己慢慢地平静下来，把一天中经历的事情重新梳理一下，对教学中的一些有效做法或是遇到的难题、产生的困惑进行重新思考，也许有时只有短短的几行，然而，天长日久，日积月累，若干年以后就可能为你撰写教学论文提供丰富而真实的事实和依据。

当然，论文素材的积累是多方面的。听课记录、课后反思、学习心得是论文写作的好素材，看书、读报、交谈、观摩则是获取写作素材的重要途径。有时候，头脑中会突然冒出个什么想法，或发现一个很有价值的问题，很值得一写的问题；有些问题你长期解决不了，可能在走路、乘车、吃饭时突然茅塞顿开，找到了思路和答案，这些就是灵感。此时，你最好能马上把它记下来，因为灵感这东西，有时就是一闪而过，稍纵即逝，任你苦思冥想也想不起来。因此，善于捕捉灵感非常重要，也许你写作的成功就来自那瞬间的灵感。

（五）善于借鉴引用

1. 题目的借鉴

有时候文章写好以后，再回过来看一下文章的题目，总觉得比较平淡，缺乏新意。也许一时半会儿想不出合适的题目，这时，你不妨翻一些书籍、杂志，或许就有你满意的题目可以借鉴。

2. 论点的引用

写文章是一个反复琢磨和推敲的过程。一开始，你会觉得编写的提纲，拟定的论点比较全面、正确，随着研究和写作的深入，你可能会感到自己原先的提纲不是那么全面，论点也有偏差，有一种"山重水复疑无路"的感觉。这时候，你同样应该向书籍、杂志学习，看看同行们有哪些观点可以予以借鉴和引用。

3. 资料的参考

虽然写论文所用的资料一般是自己平时亲身实验记录和积累得来的，但是，为了论证自己的某个（些）观点，借用他人已有的研究成果，如实验数据、图片、结论等都是允许和必要的。当然，在文章的结尾处应注明参考文献的名称。

论文写作过程中可以借鉴的方面还有很多，如文章的写作风格和技巧等。但是，引用参考不等于允许抄袭。只有经过自己的思考，具有独特见解的论文才是最有价值的。

本篇是工作室几位潜心教研的优秀一线教师在专业刊物上发表过或获省级以上奖项的论文，供大家参考。作为教师应该"承受寂寞，学会寂寞，享受寂寞"，以一颗平常心、平静心从事教育事业。教师要在本学科的知识领域范围内不断地进修，从而达到学科权威。当然，这离不开对教育事业的深度哲理性的反思。教师只有通过终身学习和不断反思，才能有充分的自信和决心向"高原现象"挑战，才能在提高教学素质的同时，不断向一个个顶峰跨越。

"365－1"学习指导教学模式在初中 物理中的实践与研究

工作室主持人　谭诗清

《物理课程标准》（2011年版）指出，初中阶段物理教学提倡方式多样化，不仅应注重科学知识的传授和技能的训练，而且应注重对学生学习兴趣、探究能力、创新意识以及科学态度、科学精神的培养。近年来，我校依据皮亚杰和布鲁纳的建构主义理论，结合各学科新课程标准的要求，注重学生的前认知，注重体验式教学，注重学生学习兴趣、探究能力和思维能力培养，制定了"365-1"学习指导教学模式。本文谈谈该模式在初中物理课堂教学中的应用和体会。

一、"365-1"学习指导教学模式的含义

"3"，即三个学习指导阶段：课前预习、课堂学习、课后提升。

"6"，即六个学习指导环节：预习指导、激趣导标（3～5分钟）、启思导学（自主、合作、探究）（10～15分钟）、精讲点评（10～15分钟）、巧练导悟（8～12分钟）、反馈拓展。

"5"，即五种学习能力培养：注意力、记忆力、想象力、观察力、思维力。

"1"，即一个学习指导原则：以思维训练为核心，以培育学生自主学习能力为手段，促进学生可持续发展。

课前：教师集体备课，制定学导案；学生利用学导案完成预习。

课堂：师生共同落实学什么？怎么学？学得怎样？有何收获？

课后：学生总结、巩固、提升（复习、作业、归纳），教师根据反馈进行

指导（作业、知识网）。

二、"365-1"学习指导教学模式的实施

下面结合"功"一节介绍本模式的教学流程。

课前

1. 集体备课

备好课是上好课的前提，集体备课能使备课的效率更高、效果更好。教师们通过集体备课能够相互学习、共同探讨、深入研究，制定最佳学导案。

学导案的制定实行"个人研究—集体研讨—分享充实—生成完善—修改提高"五环节具体备课流程：先由主备人负责打印学导案初稿一人一份，简要介绍整体构想（可结合教学课件），讲解备课及上课思路，指出本部分内容的重点、难点、考点、易错点、讲出教学计划设计、题目选编的意图，讲解如何突破重点和难点。然后集体讨论，改进学导案（如目标设置、训练习题等），最后定稿，经备课组长审核后将电子版发给备课组教师自行打印学导案。下面是经备课组讨论完善后的一节学导案。

八年级物理"11.1功"学导案

主备人：_____ 审核人：_____ 班级：_____ 姓名：_____ 学号：_____

课题	第十一章第1节功		课型	新授课
学习目标	略			
学习要点	1. 理解功的概念，判断力对物体是否做功。 2. 做功的计算			
能力培养	注意力√，想象力√，观察力、思维力√，其他、判断力、计算能力√，操作能力√			
知识链接	1. F——力——牛顿（N），s——距离——米（m）。 2. 重力的计算：$G=mg$。 3. 路程的计算：$s=vt$。 4. 二力平衡			

学习与达标	学习指导	学生学习探索
1. 预习交流 （1）在物理学中，如果_____，并使物体_____，我们就说这个力对物体做了功。 （2）力学中的功包含两个必要因素：一个是_____，另一个是_____。 （3）功等于_____与_____的乘积。 （4）功的计算公式W=_____。 （5）F表示____，单位_____；S表示_____，单位_____；W表示_____，单位_____，简称_____。 2. 创设情境 思考："功"这个词的含义是什么？力学里所说的"功"包含有"成效"的意思，但是它还具有更确切的含义。 3. 启思导学 分组实验、合作探究交流。 4. 精讲点评 问题一：做功的两个必要因素 讨论：看教材第63页"想想议议"，分析图11.1-2力做功和图11.1-3力不做功的实例，表述作用在物体上的力和物体在这个力的方向上的运动情况。 归纳：力做功_____。 力没做功_____。 结论：力做功的两个必要因素：一个是_____，另一个是_____。 针对训练： （略） 问题二：功的计算 （1）功的计算公式：阅读教材第63～64页内容。 思考：如何表示力所做的功是多少？ 说明：作用在物体上的力越大，使物体移动的距离越大，这个力的成效越显著，则力所做的功越多。 因此，力学中，功等于_____。 即功=_____×_____ 计算公式：$W=Fs$。	（1）阅读教材并完成预习作业。 （2）把书中不理解的内容标记出来。 （3）指导学生"做一做，比一比"。 （4）指导学生阅读思考、回答问题、分析归纳。 （5）引导学生如何把物理情境转化为物理问题。 （6）评练结合，及时纠错。 （7）及时反馈，了解掌握程度。 （8）把学生容易混淆的问题经小组共同探讨予以解决。 （9）思考如何提高自己运用知识解决实际问题的能力。 （10）反思进步	

学习与达标	学习指导	学生学习探索
（2）功的单位：功的单位是牛·米（N·m）——→专用名：焦耳，简称焦，符号J。1J=N·m。例如，将两个鸡蛋举高1m，做功约为1J。 针对训练： （1）教材第64页例题。 （2）教材第64页"动手动脑学物理"第1、2题。 5. 巧练导悟 （略） 6. 课堂小结 问题：这节课你有什么收获		
反馈拓展　　完成学导练第63~64页		
课后反思		

集体研讨时，大家一致认为此学导案已非常完善，要着重学生各方面能力的培养，各个教学环节内容可根据各班的具体情况做适当调整。

2. 二次备课

每位教师再结合本班学生的实际，对训练习题难度、数量进行适当增减或对个别教学内容进行调整，完善学导案。

（1）备内容

备教学的重点、难点、易错点，备一题多解、一法多题，备如何归纳知识、总结规律等，同时也要根据即时学情预设学法指导。

（2）备学生

根据教学内容预设学情，根据作业反馈掌握的即时学情特点，预测课堂将会出现的问题，设计出师生互动、生生互动、组内互助、组组竞争的调控方案。

由于笔者所教班的学生接受能力较强，因此增加了两道课上练习题。

① 一辆汽车在平直的公路上以108km/h的速度匀速行驶，受到的阻力是2000N，这辆车在1min内做的功是_____J。

② 小牛的体重为500N，沿着楼梯登上三楼教室，若每层楼梯有15级台阶，每级台阶高20cm，小牛从地面登上三楼需做多少J的功？

这样更有利于对接受力强的学生的计算能力和逻辑推理能力的培养。

3. 学生预习

要求学生通过阅读教材和自主思考，完成学导案的"预习交流"。通过预习，让学生理解、掌握能够通过自主学习理解的知识点；琢磨疑难，认清不能通过自主理解的知识点。

课中

1. 激趣导标

激趣：教师用游戏、故事、图片、音乐、视频等方式激发学生学习的兴趣；学生积极、主动参与学习。

导标：教师向学生出示本课学习要求和学习目标。

2. 启思导学

启思：教师以问题启发学生思考，既可以向学生发问，也可以让学生提问；学生围绕问题进行讨论、思考。

导学：通过自主学习、小组合作、共同探究等方式帮助学生理解、掌握本课的知识与方法。学生根据小组分工积极参与合作学习或探究活动。

例如，笔者在启思导学环节中让学生进行分组实验。

桌上器材：刻度尺、弹簧测力计、细绳、小车、排球。

要求：①选择器材；②根据器材进行思考、设计实验和进行实验；③根据生活、生产现象与同学交流、讨论并举实例。

（1）学生可能做的实验：①弹簧秤拉小车运动一段距离；②手托小车水平方向移动；③用力推桌子没推动；④把排球向前抛出2m。

（2）分析讨论交流："做功"和"没有做功"的实例。

（3）在实验中加深了对功的概念的理解。归纳：做功包括两个必要因素，一是作用在物体上的力，二是物体沿力的方向通过的距离。

3. 精讲点评

精讲：教师（或邀请学生）对关键段落、典型例题（注明考点）等知识进行分析、讲解；学生认真听并思考教师的讲解、分析过程，并适时提问。

点评：对学生学习过程中所体现的学习效果、方法、态度等进行及时的评价、表扬、鼓励。

4. 巧练导悟

巧练：精选堂上练习（按内容分梯度、题组呈现；同类题注明考点），及时评析，当堂过关。

导悟：引导学生小结、分享本课所学习的知识点、掌握的方法、取得的收获或体会，教师做适当补充说明。

课后

1. 学生总结提升

学生保质保量完成巩固练习，在教师指导下加强对章节或单元知识进行梳理、归纳，构建知识网络，形成知识体系，并根据自身学习状况，加强薄弱学科的突破。

2. 教师跟踪指导

教师对收上来的作业进行批改，对答题的书写、格式、步骤、严密性等严格要求，不合格的要面批。问题较多的题目再通过习题课解决。结合导师制加强对学生一对一的指导。

三、"365-1"学习指导教学模式开发和实施的经验与反思

1. 课程实验的体会与收获

"365-1"学习指导教学模式的核心体现了学校"乐学、善思、巧练、多悟"的课堂文化。本教学模式的特点是以预为先导、学为主体、全员参与、师生互动、当堂消化、前后衔接，载体为学导案。"365-1"学习指导教学模式实施一年来，教师专业得到成长，教学水平和教育能力明显提高，参加各级各类比赛成绩突出，增强了教师的幸福感。学生不但各方面的能力得到了培养，成绩也得到了明显提高。

（1）优等生成绩优异。2014年3月，学生参加区能力竞赛，我校物理成绩包揽镇前十名；2014年5月，全国初三物理知识竞赛中，我校有3位学生荣获全国一等奖，另有8位学生荣获全国二等奖，8位学生荣获全国三等奖，获奖率高达90%，名列镇区前茅。

（2）初二区统考镇物理成绩第一；初三中考成绩大面积丰收，物理学科的镇平均分、合格率、优秀率三项指标均为第一名，为学校的中考成绩稳居区公办学校第一做出了贡献。

2. 开发和实施中的困惑及对策

困惑：

（1）个别教师对新模式的认识不够，具体实施过程中执行不力，效果不明显。

（2）部分学生意志薄弱，课前预习不认真，课后作业、归纳总结很随意，甚至出现抄作业的现象。

（3）学生主动参与课堂学习方面不够，离开了教师监督，学生的学习效果差。

对策：

（1）加强学习，通过开展模式好的班级提高了成绩说明新模式的作用和优势。

（2）加强对学生意志力的教育，要求家长配合，加强教师的跟踪指导。学生管理学生方面需要加强，可设立各种纪检、作业、纠错、提问板演统计、电脑加分、抽查等小组，明确责任，减轻教师工作量，提高工作效率。

（3）学生的学习积极性还需要构建精彩课堂和教师挖掘学生潜力进行充分激发。教学环节的优化还需加强，如理顺预习作业与课前测试及课外作业的关系，如何达到学生参与课堂与教师的有效互动，加强培养学生灵活应用知识的实践能力和创新思维。

📑 参考文献

［1］廖伯琴.义务教育物理课程标准（2011年版）解读［M］．北京：高等教育出版社，2012.

［2］皮亚杰.结构主义［M］．北京：商务印书馆，1984.

（本文发表于《中学物理》2018年第7期）

"微课"在初中物理教学中的应用与研究

工作室主持人　谭诗清

"微课"是指以视频为主要载体，记录教师在课堂内外教育教学过程中围绕某个知识点（重点、难点、疑点）或教学环节而开展的教与学活动的全过程。"微课"的核心组成内容是课堂教学视频（课例片段），同时还包含与该教学主题相关的教学设计、素材课件、教学反思、练习测试及学生反馈、教师点评等辅助性教学资源。"微课"有以下特点：①短小精悍，主题突出，适合学生自学；②利用率高，可控性强，适合因材施教；③时间和地点灵活，有很大的选择空间，有学习的愿望随时随地都可实现。

对学生而言，"微课"能更好地满足学生对不同学科知识点的个性化学习、按需选择学习，既可查漏补缺，又能强化巩固知识，是传统课堂学习的一种重要补充和拓展资源。传统的课堂通常都是45分钟左右，一节课的精华总是聚集在几小处，精彩和高潮都是短暂的。学生视觉驻留时间普遍只有5~8分钟，时间长了，注意力易涣散，难以达到理想的教学效果。如果换一种思维方式，只将教学重点、难点、考点、疑点等精彩片段录制成时间控制在5~8分钟的简短视频，学生可随时随地通过网络下载或点播。"微课"能重复使用，利用率高，较好地满足了师生的个性化教学和个性化学习需求。

一、"微课"在物理教学中的应用

作为一种新型教学模式，"微课"已经开始走进初中物理教学当中。那么，在初中物理教学过程中如何应用"微课"？它对初中物理教学又会产生什么影响呢？

（一）应用物理课堂，激发学习兴趣

随着移动网络高速发展和智能手机、平板电脑的普及，一些适合物理学科特点的"微课"，以其情境化、趣味化、可视化等特点有效激活了教师的"教"与学生的"学"。

大部分的物理"微课"都具有叙事性，如讲解一个物理过程，解释一个物理现象，分析一道物理难题，演示一个物理实验。"微课"的针对性有助于学生突破教学难点。"微课"可以就一个教学难点以视频、文字或图像等手段呈现，一个"微课"解决一个问题，使学生在短时间内解决局部问题。

例如，人教版八年级上册第一章《机械运动》第18页第3题：看电视转播的百米赛跑时，我们常常感觉"运动员跑得很快"，但实际上"他们始终处在屏幕内"。人们怎么会认为他们是运动的呢？谈谈你的看法。物理教师可制作如下"微课"：（视频）博尔特百米世界纪录，要求学生带着问题去欣赏。

问题1：博尔特在百米跑道上赛跑时，你认为"他跑得很快"时，是以什么为参照物的？

问题2：你认为"他始终处在电视的屏幕内"时，又是以什么为参照物的？

字幕"解惑"：运动员相对于比赛场上的观众或跑道，位置发生了改变，所以说运动员相对比赛场上的观众或跑道是运动的，并且运动速度很快。而屏幕中的运动员相对于电视屏幕或电视屏幕上的一条边，位置没有发生改变，所以说运动员相对于电视屏幕或电视屏幕上的一条边是静止的。

语音"点评"：此题主要考查学生对参照物的选择，运动和静止的相对性的理解和掌握。研究同一物体的运动状态，如果选择不同的参照物，得出的结论可以不同，但都是正确的结论。

另外，在"微课"中配有情境，能将物理知识具体化。有些物理知识比较抽象化，学生很难理解。这时就需要物理教师利用一些特定的物理情境，帮助学生在情境中理解知识。但是由于条件的限制，有些物理现象是很难在课堂上即时呈现的，而以教学视频为主线来整合教学设计和相关的教学资源，可以营造完整真实的教学情境，帮助学生形象地了解物理过程和规律。例如，九年级学生最感头痛的考点"能量的转化及效率"，物理教师可制作一节"微课"，重点突出"能流导向图"，通过一些卡通或漫画图片把干电池、电动机、太阳能热水器、热机等机件的能量转化方向形象地表达出来，产出的目标能量与投入的总能

量之比就是转化效率，学生在轻松愉快中突破了难点，激发了学习兴趣，掌握了知识。

（二）优化实验结构，拓展课堂空间

物理学是以实验为基础的学科，学生对物理知识的认识、理解和掌握，要依靠对物理现象的感知。由于中学物理实验条件有限，某些物理现象学生不能得到完整的感性材料，容易造成感知上的障碍而影响物理学习。这时教师可自制"微课"模拟这些实验过程。

例如，在课堂上研究物质状态变化与质量关系时，需要演示一个冰块融化但质量不变的过程。这个实验很简单，但由于要使冰块融化需要13~15分钟，而课堂上的时间是有限的，不可能花时间去等冰融化。这种情况下，教师可以在课前用摄像机拍摄好实验过程，然后制成"微课"视频，在课堂上只要一两分钟就能将这一过程再现。

又如，研究分子运动时，布朗运动现象非常重要，然而中学物理实验条件有限，很难做成功，这时就可利用"微课"课件模拟实验过程。

再以"探究液体内部压强的特点"为例，因需要探究的问题比较多，整个实验很难由学生进行分组实验。若上实验"微课"，教师可以把一个班的学生分成若干个实验小组，分组让学生去完成单独一个探究，因为探究的内容少，学生完成的时间就会很快。各组用手机录下实验的操作过程和结果，教师将这些视频制作成5~10分钟的"微课"，对实验结果做好镜头的放大，在课堂上演示整个实验流程。因为是学生自己做主角，对自己和他人的实验过程特别关注，效果特别好。

使用"微课"课件模拟这些实验过程，不仅能再现或模拟各类物理现象，而且能通过各种手段使复杂问题简捷化，将漫长或瞬间的物理演变过程变为有序、可控的演化过程，可以使学生在课堂上完整、清晰、形象地感知物理过程和现象，给学生提供思维过程中必需的感性材料，大大激发学生的学习兴趣，降低教学难度，很好地促进学生认识能力的健康发展。

（三）应用第二课堂，激发学习潜能

与传统课堂不同，"微课"以其独特的魅力悄然影响和改变着中学生的学习方式。"微课"渗透到课堂之外，比起传统的作业，学生对"微课"作业更感兴趣，更能及时解决问题。课外让学生参与"微课"教学，形式多样，学生能自由选择，有针对性地解决问题，能激活学生学习物理的兴趣，对培养科学精神具有重要意义。现在，很多学生都拥智能手机、平板电脑等移动数码产品，很多单位、家庭都有无线上网条件，学生随时随地可以在课外进行物理"微课"素材的收集、处理并进行"微课"学习。一般来说，对于学生课外实施"微课"渗透，主要从以下几个方面着手。

（1）让学生在课外多接触生活素材，时刻感受物理从生活中来。课外作业可适当多布置一些，让学生将生活中涉及所教物理的生活素材以照片、文字、视频等形式呈现。如学完《质量》一节后，让学生到家中或市场上拍摄一些测量质量的工具照片，如杆秤、台秤、电子秤等，并用视频拍摄它们的使用过程。又如，学完《电能电功》一节后，布置作业，要求拍摄使用电能表、手表测量家中某种电器电功率的操作过程，需要测什么量？需要记录电能表上什么数据？完成此项作业可让学生在饶有兴趣的课外活动中学会和巩固物理知识。多元化的活动方式，极大地激发了学生学物理的兴趣。

（2）把全班学生分成8个小组，每个小组让一些爱活动、观察能力强的学生负责参与课外素材的收集，收集内容还包括错题和易混易错知识点。挑选一些电脑操作能力强的学生参与"微课"制作，在课余时间处理学生通过微博、QQ群等共享的素材，指导他们进行简单的"微课"处理，包括视频处理、PPT的运用等简单的技巧。这样既提升了学生的信息处理能力，又减轻了教师的工作负担。在收集和处理素材的过程中，学生不断地掌握知识，培养了能力，而且教师在课堂的素材或练习卷中呈现的是学生自己拍摄的素材和遇到的难题，他们在课堂上会特别认真，问题也能及时解决。

（3）学期末对全班8个小组物理"微课"作品进行评选，每组至少上传一个"微课"作品，全班评出一、二、三等奖，并发放奖品和证书。评选过程进行自评、他评、师评。心理学告诉我们，学生在表扬声中易于改正自己的不足，同时也留给学生反思的时间，因此，作为教师，重在引导学生在评价过程中多发现自己的长处，在此基础上找出自己的不足，这样，通过小组内的自评、小组间的他评和教师的个别或集体点评，学生可以清楚地知道自己小组"微课"的优势和不足，激发了学习的潜能，提高了兴趣，增进了同学间团结协作的情谊。

（四）便于保存重现，利在反馈掌握

"微课"作为数字化资源是可以永久保存的，可以供学生随时查阅、复习，相当于学生身边随时都有一个辅导员。如学生在课前自学"微课"后，马上在平台上完成相关练习，选择、判断和填空题直接由平台完成批改和统计反馈。学生根据作业反馈决定是否再次学习本课内容，错误的记忆和理解得到及时纠正。同时，教师登录教学平台后能立即知道这名学生对本课知识的掌握情况以及全班学生的整体学习情况，便于教师调整教学进度、难度，制订个别辅导计划。实验视频可以反复再现，避免了教师演示完毕、学生看完热闹却什么也不知道或遗忘的现象。"微课"不同于传统课堂教学，其主要特征表现为"主题突出，指向明确；资源多样，情境真实；短小精悍，使用方便"，它不但能帮助学生查缺补漏，巩固知识，还能让学生随时随地学习，是对传统课堂教学的一种重要补充和资源拓展。

（五）链接物理平台，实现资源共享

互联网上资源十分丰富且庞杂，教师必须经过滤，筛选出有效信息，学生必须在教师的引导下搜索物理资源。教师建立"微课"管理共享系统，除了自己制作"微课"外，还可以链接物理平台，在网上共享一些适合学生的"微课"，包括实验的"微课"、复习课的专题"微课"、章节系统梳理知识网络的"微课"等，让学生自己挑选适合自己的"微课"进行观看、学习，不明白的互相交流。例如，在初二物理讲到有关"超导"内容时，学生对超导现象表现出浓厚的兴趣。课堂上打开"微课"共享网站，点击物理资源网，进入超导专区，学生一个个感到非常惊讶："超导太神奇了，能有这么多的用处！"

总之，"微课"的开展形式多样，在物理教学中的应用非常广泛，可以激发学生的兴趣。"微课"教学实施的措施很多，教师可以将其呈现于课堂，也可以让学生在课外或者周末回家看教师的视频讲解，让学生在不知不觉中轻松掌握知识。而且，学生在自主"微课"学习的过程中，可以根据自己的实际情况和对知识掌握的快慢程度，进行回放或者暂停，边看边思考，随时随地激发学生的学习兴趣和激情。

二、"微课"的困惑与反思

"微课"与传统的课堂教学相比，有着显而易见的优势，但"微课"在初

中物理教学中也存在不少困惑。

（一）"微课"应用的困惑

1. "微课"作品制作难

"微课"精品出炉很难。"微课"的制作对教师的要求较高。"微课"的制作包括选题、设计、"微课"的录制、微课件、微练习等。虽说拍摄的时间较短，可前期准备的素材太多，"微课"在设计时耗时非常多，要在短时间把一个知识点讲通讲透，这对教师教学基本功的要求非常高，何况这里面还涉及使用技术软件来拍摄"微课"的问题。如果要制作一系列的"微课"就需要耗尽更多的时间和精力，对于"微课"大规模的推广使用就形成了一个很高的门槛，教师很多时候是心有余而力不足。

2. 应用教学有局限

（1）"微课"比较适合知识讲解，不太适合实践课程的操作。学生通过"微课"学习了理论知识，能"理解什么"，可不等于他们"能够干什么"，更不等于他们"能够干好什么"。初中物理的实验操作考试，也可制成"微课"，学生能看懂，可没经过实验的操作训练，往往一知半解，不利于记忆。

（2）"微课"难以体现出传统教学中师生、生生在教学过程中的交流与碰撞、互动与分享等，而这些课堂教学过程是课堂上最精华的部分。

（3）目前的"微课"内容较单一，适合培养认知领域的前三个低阶层次——知道、理解和应用，即我们说的低阶思维。对于现行提出的高阶思维，难以满足。高阶思维侧重的是后三个高阶层次，即分析（分类、对比、因果关系等）、综合（创造、推理、预测等）和评价（判断、评判、反思等）。注重低阶思维的培养，忽视高阶思维的培养，恰恰是我国教育的短板。

3. 学生学习坚持难

"微课"的推广学习，对家庭硬件要求较高，要有电脑和安装宽带。这在经济落后一些的村镇是很难普及的。另外，家长还需监控子女观看"微课"等，无形中增加了家长的负担。对学生的要求也较高，很多条件限制了学生坚持用"微课"学习。表现如下。

（1）学生要有很强的自觉性，能保证回家后自觉地上网学习，且不会偷玩游戏或观看视频。

（2）学生要有空闲的时间。素质教育提倡的课后作业不适宜多，观看"微课"势必延长学生的家庭作业时间。如果要求学生一天观看几门课程的"微课",将会大大增加学生的学习负担。

（3）学生不能及时解惑。学生在学习"微课"时遇到问题或衍生出新的想法,却无法及时得到教师的解惑和答疑,可能产生无助、焦虑等负面情绪。

（二）微课应用后的反思

"微课"教学目前尚处于实验和探索阶段,存在不少困惑,如何解决困惑,将"微课"更好地应用于教学,有效提高教学质量,可进行以下探索。

1. 适量、适时、适地

"微课"只作为传统课堂教学的一种辅助手段,适量、适时、适地进行。例如,教师在课堂上设计学习的环节,利用"微课"对不同水平的学生进行教学,有的"微课"可让接受能力弱的学生进行理解和巩固,有的"微课"可以让学有余力的学生进行知识拓展。学生根据自身的需要选择相应的"微课",满足不同的需要,先培养部分学生的高阶思维。在合适的课程中先应用起来,在合适的城市先应用起来。

2. 教师要扭转教学观

教师要扭转教学观,在制作"微课"时要渗透高阶思维的培养,内容不再局限于教学内容的讲解,而是制作问答类、讨论类、探究类、实验类等多种形式的"微课"。

3. 实事求是的客观评价

"微课"的服务对象是学生,教师要通过研究和对比学生的真实使用情况:使用"微课"后的教学质量是提高了,还是下降了?"微课"教学是否受到学生和家长的欢迎?只有通过实证研究,并且对"微课"存在的问题做出修正的方案,客观地评价"微课"教学,"微课"在教学中的应用才能走得更远,更精彩!

总之,"微课"改变了课程内容的呈现方式,可呈现的仍是传统教学的内容。新课改需要我们"翻转课堂",但更重要的是翻转我们的教学观念。怎样才能做到先学后教,真正体现"教师为主导、学生为主体"?如何培养高阶思维?等等,这些都是初中物理教师必须思考的问题。我们相信,随着信息化技术的不断发展和普及,"微课"教学在初中物理的教学中有很大的发展潜力,它将在物理的教与学的过程中有更好的推广。

📑 **参考文献**

［1］王斌华.微视频教学的坎：培养高阶思维［N］.中国教育报，2015（9）.

［2］胡铁生.区域教育信息资源建设的模式和发展趋势［J］.中小学信息技术教育，2005（8）.

［3］任兴燕.微课教学初探［J］.北京宣武红旗大学学报，2014（1）.

（本文2016年12月获广东省一等奖）

附：获奖证书

例谈中考电学计算压轴题的命题方向及解题方法

——以2019年部分省市中考电学计算题为例

工作室主持人　谭诗清

电学是物理学科的重要组成部分，电学部分在中考中占有很大的比例，而电学的综合计算题综合了电学的识别电路、串并联电路判断、电流、电压、电阻、电功以及电功率等知识，既体现了数学的综合运算能力，又是中考中重点考查的题目，是拉开分数差距的重要考点，在中考中具有举足轻重的地位。而学生对电学计算压轴题掌握得往往不够深入，在中考中失分较多，对此部分内容比较陌生，有恐惧感，部分学生甚至感到束手无策。因此，在中考复习备考中很有必要对中考电学计算压轴题进行研究分析。下面结合本人多年的教学经验与体会，以2019年中考电学计算真题为例，评估这类题的命题方向，总结分析这类题的解题方法和复习注意事项，以期望对中考复习备考起到点石成金的作用。

一、中考电学计算压轴题命题方向

近年来，中考电学的计算题遵循"从生活走向物理，从物理走向社会"的新课程理念，取材方向多来源于学生熟悉的家用电器，结合产品原理图和使用方法介绍，题目的背景紧密联系生活，图文并茂，阅读量不大；此类题的本质特征：在电学主干知识的交汇处命题，涉及的知识点多，覆盖面广，主要包括动态电路、欧姆定律、电能、电功率、效率、电热综合等；条件隐蔽，关系复杂，思路难觅，方法灵活，渗透了重要的物理思想方法，体现了较高的思维能力。第1小题较易，第2小题较难，第3小题难度则更大，而且近两年有加大计算难度的趋势。这类题目要求学生有较好的阅读理解、捕获信息、分析推理、数学逻辑思维等多种能力。此问题一般可分为两大类：一是以滑动变阻器滑片移动、开关的通断改变电路总电阻的动态电路作为题目的背景来命题的计算题；二是以家用电器电路或以高低温挡位作为题目的背景来命题的计算题。

二、中考电学计算压轴题的解题方法

针对上述两类典型问题，下面以例题的形式进行过程分析、总结归纳解题方法和复习注意事项。

（一）例说以动态电路作为题目的背景来命题的计算题

例1：（2019年四川德阳中考22题）如图1甲所示，电源电压保持不变，小灯泡上标有"8V"字样，电流表的量程为0～1.2A，图1乙是小灯泡的电流随电压变化的图像。滑动变阻器R_1的最大阻值为20Ω，定值电阻R_2的阻值为90Ω，当闭合开关S和S_2，断开S_1，滑动变阻器的滑片移到中点时，小灯泡恰好正常发光。求：

（1）电源电压是多少？

（2）闭合S和S_1，断开S_2时，为保证电流表的安全，滑动变阻器的取值范围为多少？

（3）闭合S和S_2，断开S_1，当滑动变阻器的阻值调到17.5Ω时，这时小灯泡的功率为3.2W，此时电流表的读数为多少？

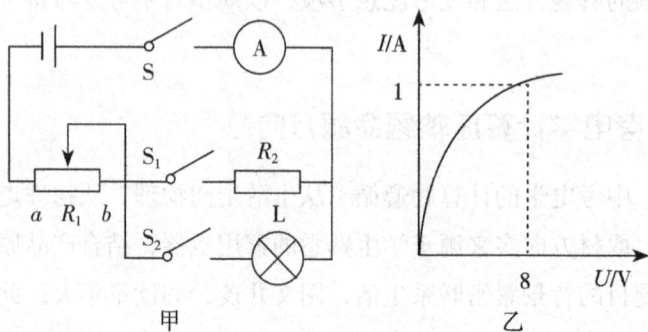

图1　例1

1. 思路点拨

动态电路问题是指电路中开关状态改变或变阻器阻值的变化而使电路中的

电流、电路两端的电压发生改变的电路问题。

开关型动态电路问题的解题思路：

判断闭合或断开开关时，电路元件的关系是解题的关键，方法是先画出闭合或断开开关时的等效电路，根据等效电路确定电路元件的连接关系的改变、电路中电阻的变化，然后再根据相关公式进行计算。

滑动变阻器型动态电路解题思路如图2所示。

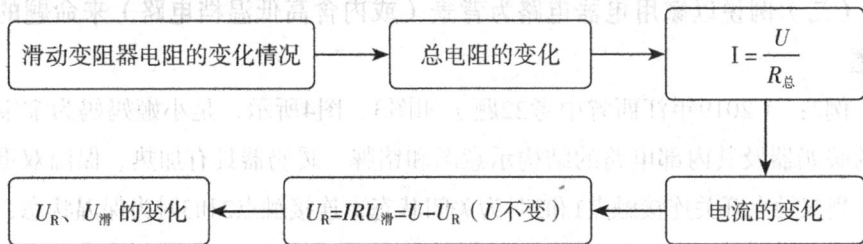

图2　滑动变阻器型动态电路解题思路

2.解题策略

由于开关的通断、滑动变阻器滑片的移动改变了电路的结构，电路中的电流、电压值会发生变化，被称为动态电路问题。这类问题形式多样、复杂多变，一直是电学部分的一个重点，也是学生学习的一个难点。

（1）关键是把动态电路变成静态电路，即画出每次变化后的等效电路图，分析电路、简化电路，将电流表看作导线，将电压表看作断路，识别电路是串联还是并联，有电表时确定电表量程、所测物理量，分析题目要求解决的问题是什么，注意标明已知量和未知量。

（2）确定滑动变阻器连入电路的电阻是哪一部分，滑片移动时，这部分电阻是变大了还是变小了，使电路的电流、电压、电阻、电功、电功率如何变化。先分析定值电阻的物理量变化情况，再分析滑动变阻器的物理量变化情况。

（3）再根据题目相关条件如电源电压不变、定值电阻阻值不变、滑动变阻器的最大阻值、允许通过的最大电流，结合欧姆定律、电功、电功率的公式和串并联电路的电流、电压、电阻规律去解题。

3.注意事项

以上初步探讨了常见动态电路计算的基本方法，关键是分别抓住电路变化前后所处的状态，运用串并联电路的特点和欧姆定律的应用等建立运算式求解。总之，只要掌握正确的解题思路和方法，常见电路的计算问题都能迎刃而解。作为一名毕业班的教师，应在课堂上寻求不同解题途径与思维方式，培养学生思维的广阔性、灵活性和敏捷性，经常引导学生对做过的题目进行举一反三的改编，或增加或减少已知条件，或改变题设与求解位置，培养学生从不同的角度进行联想，审视题意，切中意图，从不同的层次进行思考，就会事半功倍，轻松应对物理中考的动态电路计算题。

（二）例说以家用电器电路为背景（或内含高低温档电路）来命题的计算题

例2：（2019年江西省中考22题）如图3、图4所示，是小姬妈妈为宝宝准备的暖奶器及其内部电路的结构示意图和铭牌。暖奶器具有加热、保温双重功能，当双触点开关连接触点1和2时为关闭状态，连接触点2和3时为保温状态，连接触点3和4时为加热状态。（温馨提示：最适合宝宝饮用的牛奶温度为40℃）

（1）求电阻R_2的阻值。

（2）把400g牛奶从20℃加热到40℃，求牛奶所吸收的热量［$c_{牛奶}=4.0\times10^3$J/（kg·℃）］。

（3）如图5所示是暖奶器正常加热和保温过程中温度随时间变化的暖奶器的性能参数图，求暖奶器在加过程中的热效率。（结果保留到小数点后一位）

（4）如图6所示是暖奶器正常加热和保温过程中温度随时间变化的图像，求暖奶器在加过程中的热效率。（结果保留到小数点后一位）

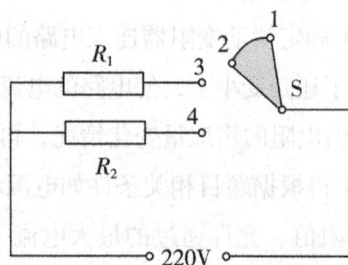

图3　暖奶器　　　　　图4　暖奶器电阻

型号	IZJ620
额定电压	220V
加热功率	220W
保温功率	20W

图5　暖奶器的性能参数　　　　　图6　暖奶器温度变化

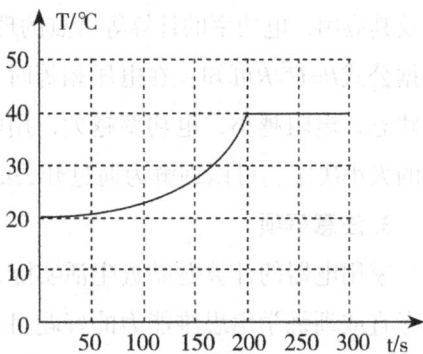

1. 思路点拨

这是以家用电器铭牌为背景，考查电阻、电热、电功率的计算，涉及表格、图像、插图等相关内容，对多个知识点进行综合考查，并将电学与热学结合起来，突出对电学基本公式的灵活转换，综合考查学生分析综合问题的能力、获取图表中信息的能力以及应用数学知识解决实际问题的能力。同时题目设置的情境接近物理与生活，让学生有亲近感，体现物理在生活中的广泛应用。

2. 解题策略

该类题主要考查了家庭电路中用电器的电功、电功率、电热、热效率、电热、电能表的计算以及能量的转化等知识。

解题流程如图7所示。

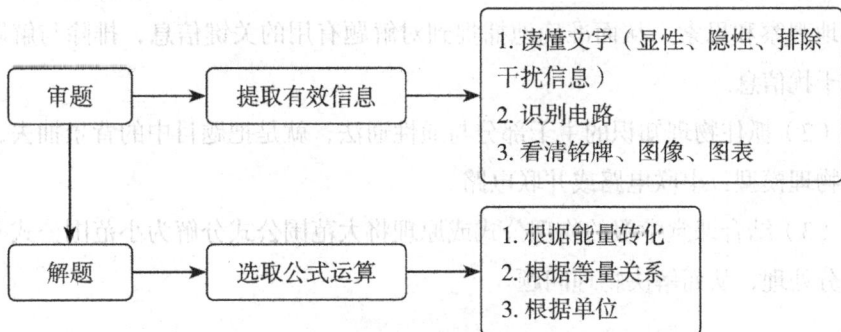

图7　解题流程

含有高低温挡这类题主要考查学生对电热的计算，电阻的串并联，欧姆定律及其应用，电功率的计算等考点的理解。审题时先找出已知条件：$U_{额}=220V$，根据公式$P=U^2/R$可知：在电压相等时，电阻越大，电功率越小，用电器处于保温状态；电阻越小，电功率越大，用电器处于加热状态。用电器的状态由总电阻的大小决定，可以理解为通过开关的通断改变总电阻大小。

3. 注意事项

家用电器的计算题贴近生活实际，具有较强的应用性、综合性和实用性，是考查或训练学生思维能力的好题目。复习中应注意将教材中的知识与生活实际和社会实际联系起来，关注科学技术的发展以及与物理知识相联系的社会焦点、热点问题，引导学生在平时的学习过程中，巧妙设计现实问题，突出考查学生精选信息素材以及从文字、图形、图像、数据中获取信息、处理信息的能力，培养学生综合实践能力和解决实际问题的能力。此类题考查了初中知识的同时，也辐射到高中的热平衡问题，教师在引导学生解答这种题型时要注意把初中物理知识和相关简单的高中物理知识联系起来进行分析，有效地开阔学生的思维空间，提高学生的解题能力和思维能力。

三、小结

分类讨论已成为新教材中中考压轴题的重点所在。由于篇幅所限，本文所述中考电学计算题类型仅属部分，还有其他类型，但解题方法大同小异，离不开以下几点。

（1）在阅读题目的过程中，要逐字逐句仔细斟酌，对题目中的关键词语、语句应画线反复研究推敲，对题中提示的工作原理和示意图、工作过程要细致入微地观察和思索，从而准确地捕捉到对解题有用的关键信息，排除与解题无关的干扰信息。

（2）抓住物理知识的主干部分与通性通法，就是把题目中的背景抽去，纯化为物理模型：串联电路或并联电路。

（3）结合课堂学习的物理公式或原理将大范围公式分解为小范围公式并进行约分处理，从而解决物理问题。

📻 参考文献

［1］中华人民共和国教育部.义务教育物理课程标准（2011年版）［M］.北京：北京师范大学出版社，2012.

［2］中华人民共和国教育部.物理（九年级全一册）［M］.北京：人民教育出版社，2013.

（本文发表于《中学物理教学参考》2019年第9期）

热学"三角恋"，到底谁爱谁?

——论温度、内能和热量三者的关系

工作室成员　蒙俊霖

　　九年级物理的热学知识，对学生而言是一个不大不小的挑战，因为我们开始使用一些抽象的概念来描述温度的变化、能量的变化。相对于有很多生活现象做铺垫的八年级物态变化知识，九年级物理的内能、热量、热传递、比热容等概念显得抽象了许多。相信很多教师都有这样的困惑，在刚接触内能的知识时，学生通常不能准确理解"内能""热量"和"温度"三个物理量的概念，更难以准确辨析三者的变化。我们常常见到这样的选择题："下列关于温度、内能和热量的说法中，正确的是……"学生们在对三者理解不是太准确时，常常被"温度升高不一定吸收热量""内能增大不一定吸收热量""吸收热量内能一定增大""吸收热量温度不一定升高"……绕得晕头转向，那有没有比较快捷的方法能迅速厘清头绪呢？笔者发现，通过简练的归纳总结，这类问题还是有套路的，甚至这三者背后还隐含着"三角恋"的关系呢！

　　我们先简单对比一下这三个概念：温度，是一个状态量，表示物体的冷热程度，也是八年级接触到的比较形象的物理概念。根据九年级物理的分子动理论可知，温度高低与分子热运动的剧烈程度有关。分子热运动越剧烈，物体温度越高。内能，也是一个状态量，是物体内所有分子的分子动能和分子势能的总和，与物体的温度、质量和状态等因素有关。一般对于同一物体而言，物体的温度越高，内能越大。热量，是一个过程量，表示热传递过程中传递的能量，传递能量的结果就是改变了内能。吸收热量的物体内能增大，放出热量的物体内能减小。

综上，我们发现一个关键，内能大小与温度有关，同一物体分子动能增大时，其温度升高，同时内能增大，可以认为温度改变时，内能也改变；而吸收或者放出热量也可以改变内能大小。但另一方面，温度和热量又不是唯一可以影响内能大小的因素。例如，内能决定因素除了温度之外还有质量和状态，而改变内能的方式除了热传递（吸热、放热）之外还有做功。也就是说，内能增大不一定是温度升高了，也不一定是吸收热量了。

分析到这里，可能就有学生开始晕了，因为我们要到高中数学才会系统地学习命题条件的充分性与必要性的区别。那怎样快速厘清三者关系并方便记忆呢？请看图1。

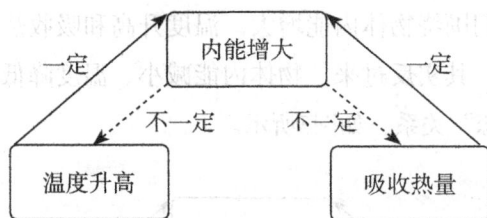

图1　温度、内能和热量关系（1）

图1中的四个箭头就是四句话，表明"温度升高""吸收热量"和"内能增大"三者之间的关系。

（1）物体温度升高，一定内能增大（因为物体的分子动能增大）。

（2）物体内能增大，不一定温度升高（如0℃的冰融化成0℃的水）。

（3）物体吸收热量，一定内能增大（因为热量是热传递过程中所传递的能量）。

（4）物体内能增大，不一定吸收了热量（也可能是外界对物体做功）。

至此，"三角"关系初步成型，学生会发现，你爱的人可能并不爱你，比如，虽然"热量"和"温度"对"内能"都有倾心，但傲娇的"内能"谁都不爱。那"温度"和"热量"是否会相互"喜欢"呢？进一步完善之后，笔者发现，这个"三角恋"的完整关系是这样的：

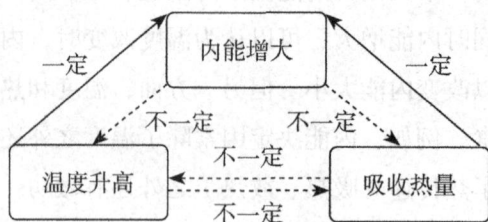
图2　温度、内能和热量关系（2）

如图2所示，"温度升高"和"吸收热量"之间的关系都是"不一定"，也就是说：①吸收热量，不一定温度升高（如晶体熔化或液体沸腾）；②温度升高，不一定吸收了热量（也可能是因为外界对物体做功）。

综上所述，我们围绕物体内能增大、温度升高和吸收热量绘制出了热学的"三角恋"关系图。其实反过来，物体内能减小、温度降低和放出热量的关系也是同样的"三角恋"关系，如图3所示。

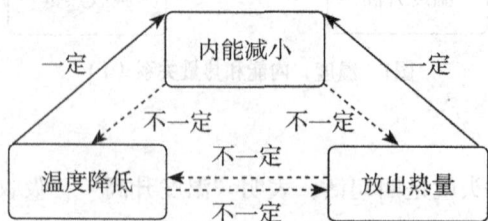
图3　温度、内能和热量关系（3）

其实，温度、内能和热量三者之间的关系，通过逐条举例分析的办法也能让学生理解，只是对于刚接触这些概念的学生而言，这些抽象的概念很容易混淆，但是知识图像化和拟人化之后可以更加具体和形象，虽然他们还没有学习充分条件和必要条件这些概念，但是他们理解"你喜欢的人并不喜欢你"这样的关系，所以通过"三角恋"关系可以使学生在区分这些易错点时能够更加准确而高效。以上就是笔者关于这个问题的粗浅认识。

📖 参考文献

［1］李正香.浅析温度、内能、热量［J］.中学物理（初中版），2003，1
（10）：1–2.

［2］郭东山.温度内能热量的辨析［J］.物理教学探讨，2005，23（12）：7-7.

［3］刘光武.学生对热量、内能和温度关系的误解分析［J］.物理教学探讨，2009，27（31）：36-36.

（本文发表于《中学物理教学探讨》2018年第1期）

中考物理第一轮复习中教师应强化的
八种教学意识

工作室学员　李永春

根据物理学科的特点，中考第一轮复习宜以教材为线索，将教材中每一章每一节的基础知识、基本方法、基本实验、基本应用等，一个不漏地和学生一起梳理回顾一遍，目的是让学生经历一次再认识、再理解、再记忆的过程。但部分教师往往第一轮复习时"炒旧饭"，不出新意，重点不突出，难点没突破，致使学生厌倦复习课，复习效率差。如何提高中考物理第一轮复习效率？这就要求教师要有构建高效课堂的意识，在关键处点拨，多引导学生从不同角度不同侧面思考问题，增加学生课堂复习的思维含量，引导学生积极参与课堂，实现深度复习。

下面从2017年广东省中考学生答题出现的常见问题，谈谈物理教师在第一轮复习中应强化的八种教学意识。

意识1：重视教材使用，重视"双基"过关

大多数教师对"要重视教材中插图、表格和图表的研究，注意其中蕴藏的物理知识与物理规律"并无异议，但事实情况却是许多教师并没有内化为自己的教学行为。第一轮复习阶段，许多教师仍喜欢利用所购的复习用书组织学生复习。复习用书往往容量大，教师则因时间、精力有限而不愿意取舍，导致上课很少有时间顾及教材，教材的重要作用没有得到体现。一方面每年中考题直接或间接地来源于教材的题目比比皆是却失分了；另一方面学生在常规复习中容易陷入题海，苦不堪言。要想转变这种得不偿失的复习方法，教师的意识转变是关键。

例1：（2017年广东，T1）如图1所示，下列说法正确的是（　　）。

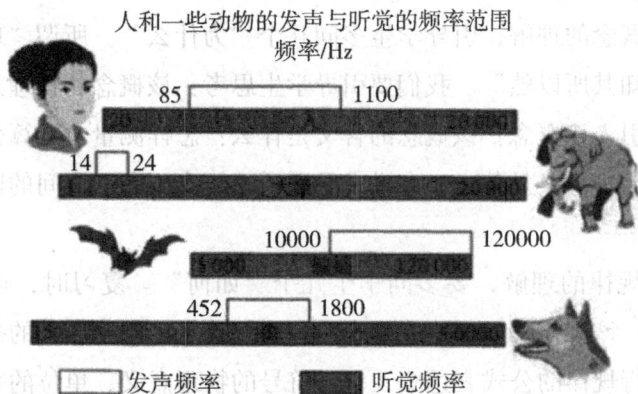

人和一些动物的发声与听觉的频率范围
频率/Hz

图1　人和一些动物的发声与听觉的频率范围

A. 人的听觉频率范围是85 ~ 1100Hz

B. 狗的听觉频率范围是15 ~ 50000Hz

C. 蝙蝠能听到次声波

D. 大象能听到超声波

本题直接来源于八年级教材第34页图的改编，熟悉教材后，对人和一些动物的发声频率与听觉频率进行分析比较，不难做出正确判断，答案为B。

教师要重视教材中的表格、图片。初中阶段主要涉及的表格为：晶体的熔点表、液体的沸点表、一些物质的密度、一些物体的运动速度、物质的比热容、一些运动物体的功率、燃料的热值表、热机的效率表、常见的电流值和电压值、导体的电阻表、一些用电器的电功率值、电磁波谱等。

例如，一些物质的比热容（见表1）。

表1　物质的比热容 [J/（kg·℃）]

水	4.2×10^3	铝	0.88×10^3
酒精	2.4×10^3	干泥土	0.84×10^3
煤油、冰	2.1×10^3	铁、钢	0.46×10^3
蓖麻油	1.8×10^3	铜	0.39×10^3
砂石	0.92×10^3	水银	1.4×10^3

教师要引导学生思考：根据表1，你能否得出一些规律？如果你是命题教师，此类知识内容为命题的切入点是什么？等等。

对基本概念的理解，引导学生多问几个"为什么"。所谓"理解"，便是"知其然又知其所以然"。我们要引导学生思考：该概念的物理意义是什么？即为什么要引入该概念？该概念的含义是什么？怎样测量？计算公式及公式中各物理量的物理意义是什么？有没有易混淆的概念？它们之间的区别和联系是什么？

对基本规律的理解，要多问学生几个"如何"。复习时，可以从以下几个方面思考：该规律是如何建立起来的？如何确定该规律成立的条件或适用范围？如何进行规律的公式表达式及每个符号的物理意义、单位的表示？如何应用该规律解决实际问题？等等。

意识2：注意知识复习时的整合、联系，掌握重点，突破难点

初中物理知识涉及力、热、电、光、原等，内容繁多，若没有通过知识的整合联系，学生是很难牢固掌握的。这就要求教师通过挖掘知识的内在联系，通过表格或思维导图等形式把它们联系起来，通过对比分析把易错易混淆的物理概念和规律突出出来，重点复习，以提高复习效率。

例2：（2017年广东，T4）如图2所示，小花想搬起一块石头，下列说法正确的是（　　　）。

图2　小花搬石头

A.若石头没被搬动，以地面为参照物，它是静止的

B.若石头没被搬起，是因为石头受到的惯性力比较大

C.若石头被搬起，说明力可以改变石头惯性的大小

D.若石头没被搬起，此时石头受到的重力和石头对地面的压力是一对平衡力

本题关键是要分清惯性与力、平衡力与相互作用力的区别。力是物体对物体的作用，而惯性是物体保持原来运动状态的一种性质，惯性大小只与物体本身的质量大小有关，故惯性不是力，不能说成"惯性力"或"受到惯性的作用"。平衡力一定要同时满足"同体、等值、共线、反向"四个条件，而相互作用力是作用在两个不同物体上的。弄清这些概念的区别后，不难选出本题的正确答案A。

对于力和运动的关系可归纳成表2进行复习。

表2　力和运动的关系

受力情况	表现形式	运动状态是否改变	遵循规律或满足条件
不受力	静止或匀速直线运动	不改变	牛顿第一定律
受一对平衡力	静止、匀速直线运动（如漂浮、悬浮）	不改变	二力平衡
受非平衡力	加速、减速、运动方向改变（如上浮、下沉）	改变	力与运动的关系

对于知识的整合联系，我们要善于利用思维导图进行复习。例如，《电磁联系》一章的复习，可利用图3把知识联系起来。

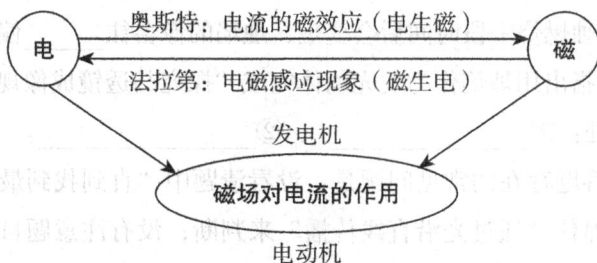

图3　两个科学家、三个实验及现象、两个电机及原理

意识3：充分挖掘发挥实验教学的功能

物理是一门突出强调实验的科学，每年的实验总分值所占比例高达40%以上。实验技能的内涵包括以下七个方面：具有初步的实验操作技能，会使用简单的实验仪器和测量工具，能够测量一些基本的物理量，会记录实验数据，指导简单的数据处理方法，会写简单的实验报告，会用科学术语和简单图表等描述实验结果。所以，我们对一些典型的实验要进行全面复习。如测物质的密

度，其测量的原理、器材及使用、方法步骤、数据处理、误差分析等都要熟练掌握。通过实验复习，在动手动脑的过程中培养学生的实验技能和创新能力。

例3：（2017年广东，T7）如图4所示，小李用点燃的蜡烛、凸透镜和光屏进行"探究凸透镜成像规律"的实验，凸透镜的焦距为12cm。

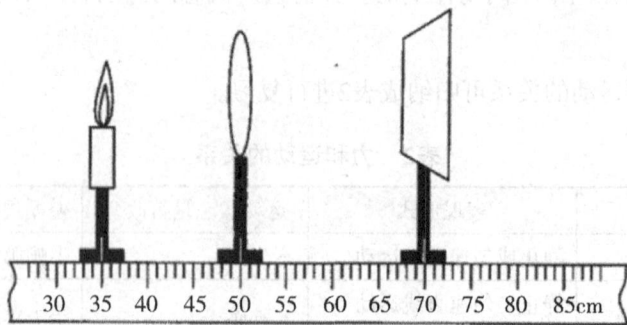

图4　探究凸透镜成像规律

（1）蜡烛和凸透镜的位置不变，要使光屏承接到一个倒立、_____清晰的实像，具体的操作是：首先将光屏向右移动，_____，直到找到最清晰的像。日常生活中_____（选填"照相机""投影仪"或"放大镜"）就是利用这一原理制成的。

（2）当蜡烛燃烧一段时间后会变短，烛焰的像会往_____偏离光屏中心。

（3）请你指出用烛焰作为发光物体完成"探究凸透镜成像规律"实验存在的两点不足之处：①_____；②_____。

本题学生答题存在的常见问题是：没看清题中"直到找到最清晰的像"的关键字；不会抓住"通过光沿直线传播"来判断；没有注意题目中关键字"用烛焰作为发光物体完成'探究凸透镜成像规律'实验存在的两点不足"，侧重点不是这个实验会出现什么不良效果。

针对问题，我们的教学建议是：加强平时学生实验教学，注意实验细节，让学生多动手、多思考质疑，灵活运用透镜成像作图的三条特殊光线来加深对透镜作图及成像实验的理解，实验教学时要全方位培养学生的探究能力，特别是加强实验设计、分析交流、实验评估等薄弱环节能力的培养。

意识4：加强审题能力的培养，加强解题规范性的训练

经常遇到一些学生走出考场很懊恼，说没看清题目考试失误了。失误是一种考试能力差的体现。为了减少失误，使学生考试考出自己的最高水平，平时教学中要有意识地加强审题和规范解题训练。平时审题时要让学生画出关键词，快速准确提取解题信息，快速弄清题目所问。在平时测试过程中尽量把评分细则和评分说明印发给学生，强调书写规范，注意书写公式及单位统一，计算题也要写必要的文字等。培养学生良好的思维习惯和答题习惯是避免无谓丢分。

例4：（2017年广东，T21）如图5所示是演示"流体压强和流速的关系"实验装置，U形管中装有水，直径相同的a、b两管中的水静止时液面相平。

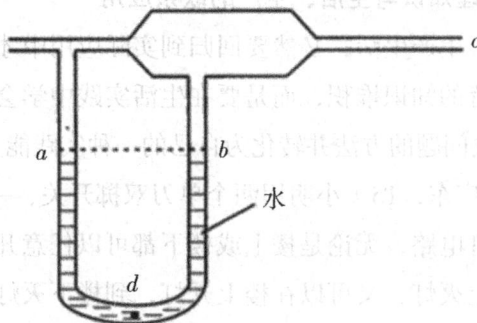

图5　流体压强和流速的关系

如果在右端c处往装置里急吹气，导致b管上方气流速度_____a管上方的气流速度，b管与a管的水面上方形成气压差，U形管中_____（选填"a"或"b"）管水面升高，如果升高端的液面比原来升高了2cm，则此时U形管底部d处左右两侧液体压强差为_____Pa。（g=10N／kg）

本题学生答题存在的常见问题是：看不懂图，不知道流体在相等时间内通过粗管和细管的流量相同，粗管面积大，流速小的道理；不懂分析图中b管液面上方流速小，向下的压强大，使液体从b流向a；没注意认真审题，思考问题只停留在表面，题目说升高端液面比原来升高了2cm，就直接误认为h=2cm=0.02m，代入公式$p=\rho gh$来计算，本题的关键点是应该考虑下降端也下降了2cm，即高度差应该是4cm；粗心大意，没有进行单位换算，直接用cm来计算。

答案：小于，a，400。

针对问题，我们的教学建议是：让学生养成良好的审题习惯和答题习惯，有些基础知识需要在理解的基础上记忆，学会理解，学会分析，加强快速准确提取解题信息能力的培养。教师可从以下几个方面对学生进行培养。

（1）训练学生读题时画出关键词，识别重要信息，挖掘隐含条件，明确题中所给的条件和要求解决的问题。

（2）在实验中培养学生通过观察获取信息的能力。

（3）图表分析训练中培养学生细致耐心的习惯。

（4）用设问引导、讨论评价等教学手段训练审题。

要重视解题规范，忌轻视"过程"用语。物理与数学不同，在解题时，不仅要求答案正确，还要有规范的解题步骤，要设法提高运算能力，减少失误。

意识5：加强物理知识与生活、生产的联系应用

物理知识来源于生产生活，必然要回归到实际应用中才能体现其价值。物理知识不是死记硬背的知识堆积，而是要在生活实践中学会灵活应用，学会应用物理知识处理解决问题的方法并转化为自己的一种实践能力。

例5：（2017年广东，T5）小明用两个单刀双掷开关、一个LED灯和若干导线，设计一个楼梯灯电路，无论是楼上或楼下都可以任意开灯、灭灯，既可以在楼下开灯，到楼上灭灯，又可以在楼上开灯，到楼下灭灯。请你根据小明设计的意图，用笔画线代替导线完成图6的电路。

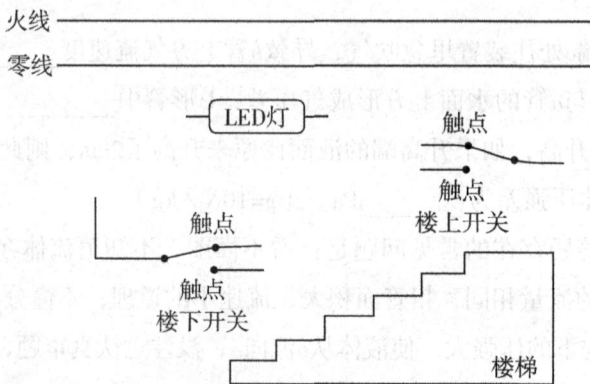

图6　电路

本题学生答题存在的主要问题是：顾此失彼，连错开关，造成电路短路；无从下手，平时没做过，不善于分析，应用能力差。

本题的解题思路应为：楼上、楼下开关都能控制LED灯，说明它们与LED灯应是串联的，为了安全起见，两个开关应接在火线上，LED灯应接在零线上。分析清楚后可连接出基本电路，再检查确定便是了。

正确解答如图7所示。

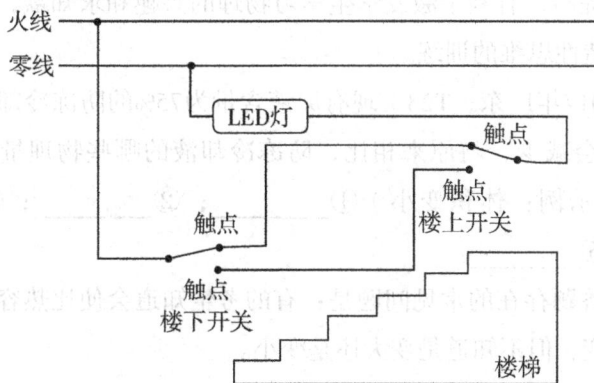

图7 电路

例6：实验室提供了下列器材，烧杯一个（无刻度）、弹簧测力计一个、实心物块（密度大于水）一个、细线、足量的水和花生油。请你写出测量花生油密度的实验步骤及$\rho_{油}$的表达式（见图8）。

分析法（逆向思维）

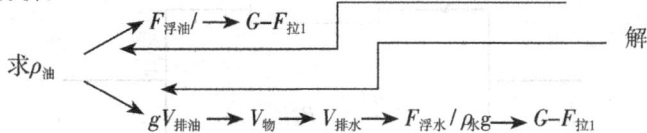

图8 电路

分析：本题条件太分散、太隐蔽，若从已知直接求出结果是非常困难的。本例解题时可利用逆向思维的方法，结合思维导图，教师利用问题引领，从所求结果倒过来分析，一直推到已知，过程豁然开朗。解题时只要从后一直往前写出各步骤即可，条理清晰，思维严谨，学生的思维达到深度优化。

知识是死的，方法是活的，只有学会正确的分析方法，实际解题才能得心应手。

意识6：平时的教学中要注意"变题"训练，培养学生开放性思维

变题是指置换、变更、转向、迁移等，是发散的意思，即在原命题的基础上进行挖掘、联想、拓展加深，做到知识板块之间的互相渗透，以点带面，举一反三，综合掌握基础知识。变题训练能使学生的思维能力、分析问题及解决问题能力得到提高，有利于激发学生学习物理的兴趣和求知欲，使全体学生都有机会进行创造性思维的训练。

例7：（2017年广东，T23）现有原液含量为75%的防冻冷却液长时间使用后，由于汽化会减少，与原来相比，防冻冷却液的哪些物理量发生了变化，如何变化？（示例：体积变小）①_____；②_____；③_____；④_____；⑤_____。

本题学生答题存在的常见问题是：有的考生知道会使比热容、沸点、凝固点、含量等改变，但不知道是变大还是变小。

答案：①质量变小；②重力变小；③密度变小；④沸点升高；⑤凝固点升高；⑥比热容变小。

本题属于结果开放型题，结合前面题目，考查了学生的阅读能力、理解能力、思维能力和知识的迁移能力。变题也可以是条件开放，如下例。

例8：如图9所示的电路，R_1与R_2并联，已知$R_1=10\Omega$，通过R_1的电流$I_1=3A$。请你补充一个条件，求出电阻R_2的电功率大小。

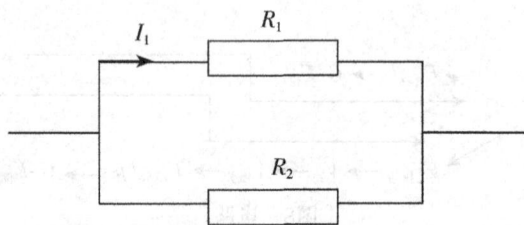

图9　电路

（要求：条件不能重复，数据自定，并写出简要计算过程）

（1）补充条件_____，计算：_____。

（2）补充条件_____，计算：_____。

（3）补充条件_____，计算：_____。

复习教学中还可以充分围绕概念，自编习题，让学生学会变通。

例9：在复习完"电功率"的基本概念后，可自编如下习题强化效果。

（1）一盏标有"6V3W"的小灯，接在6V电压下工作，通过灯丝的电流多大？灯丝的电阻多大？

（2）把该灯直接接在3V电压下工作，实际功率是多大？

（3）如何使该灯接在9V电压下正常工作？

（4）把该灯与另一盏标有"6V2W"的小灯串联后接在另一电源上，要使两灯安全使用，这个电源的电压不得高于几伏？

（5）把这两盏灯串联后接在12V电压下工作，通过计算说明两灯是否正常发光。

（6）如何使两盏灯均能正常发光？

一道题目的结果一般是唯一的，但解题的过程往往是多种多样的。另外，完成一道题目后，还要从不同的角度对题目进行变换，有助于学生把握知识，灵活应用知识。

变题训练可以从条件开放、结果开放、条件结果都开放的角度进行，也可以利用这种"问题串"的形式进行复习，或让学生直接参与到编题训练中来，通过举一反三，以点带面，充分体现学生的学习自主性，让学生乐于参与课堂，让学生脱离题海，效率自然来。

意识7：重视应试心理和技巧的培养，鼓励大胆做题，同时培养时间控制和得分意识

中考考查的不仅是知识及解题能力，还有学生的心理素质。中考常态复习中，要注意把每次诊断性考试、模拟性考试看成检查自己复习效果的重要形式，同时也要把每一次练习或考试当作中考来看待，学会放松心理。考试临场应试技巧，要使学生明白物理答题的四大原则：先易后难，舍得放下，优势优先，不留空白。要学会熟题"生做"，难题"选做"，冷静答题，细致检查。

要提高时间利用率。培养解题时间控制意识和解题得分意识。注意做基础题时尽量不要拖拉。在做选择题与填空题时尽量保证一遍做对，不能反复验算。时间不能平均分配，要多将一部分时间预留在难题上；做题时要先拣简单易得分的做，拿不准的先用铅笔做个记号，最后有时间再复核，中考一般不太难，不能轻易放弃，尽量争取得分。

例10：（2017年广东，T22）小明探究"电流一定时，导体消耗的电功率与导体电阻的关系"，现有实验器材：稳压电源、电压表、电流表、滑动变阻器、电阻箱（符号为—☐—）、开关及若干导线。

（1）为了完成此探究实验，请你在图10的虚线框内将实验电路图补充完整；若连接电路后，闭合开关，发现电压表的指针偏转如图11所示，其原因可能是_____。

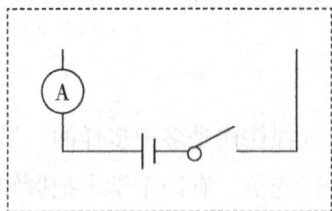

图10　电路

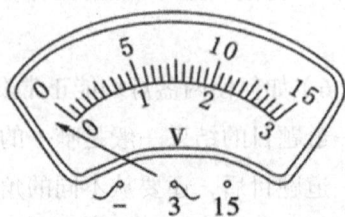

图11　电压表

（2）实验中利用公式_____计算电阻箱阻值不同时消耗的电功率，实验过程需要记录的物理量有：电阻箱两端电压U、通过电阻箱的电流I和_____。

（3）在实验中，小明需多次改变电阻箱的阻值进行测量，每改变一次阻值，都必须移动滑动变阻器的滑片来控制_____，多次改变电阻箱阻值的目的是_____。

（4）完成上述实验后，小明又从实验室借了一个额定功率为2.5V的小灯泡和一个单刀双掷开关，设计了图12所示的实验电路图来测量小灯泡的额定功率。实验如下：闭合开关S_1，将开关S_2拨到触点2，把电阻箱调到10Ω，刚好使电压表的示数为2.5V；再将开关S_2拨到触点1，读出电压表的示数为4.5V，小灯泡额定功率$P=$____W。

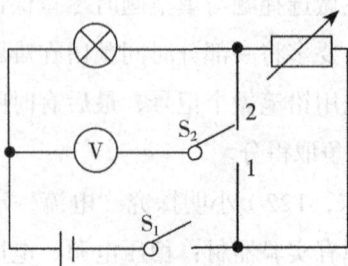

图12　电路

　　本题学生答题存在的常见问题是：因常规实验对本实验考查没做要求，许多学生面对陌生题心理素质不行，头脑混乱，不做分析乱答，或不敢大胆作答。问题主要表现为：没有仔细审题，违反题目要求增加器材，看不懂题目，不懂考什么，根据题目给的器材胡乱画图；混乱指针偏转角度小的原因，错答成"电压表所选量程过大"；不理解题目，不明白这个实验其实是探究$P=I^2R$，先用$P=UI$求出电功率P的大小，再与电阻R对比，得出探究结论；没有弄懂变阻器在不同实验中的作用，很多考生以为进行多次实验都是使实验结果更准确；不知道流过电阻箱的电流就是灯泡的额定电流；等等。

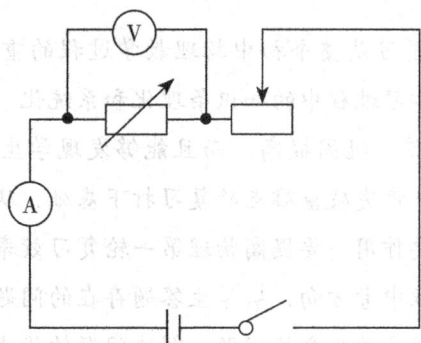

图13　电路

　　答案：

　　（1）电路图如图13所示，电压表正、负接线柱接反。

　　（2）$P=UI$；电阻箱的阻值R。

　　（3）通过电阻箱的电流一定（或相同）进行实验多次使实验结论更具普遍性。

　　（4）0.5W。

　　针对问题，我们的教学建议是：有针对性地训练学生不同类型的实验题，让学生"见多识广"，学会对陌生题目的分析方法。平时训练新题，杜绝思维惯性，让学生学会分析掌握方法，以不变应万变，加强应试心理和技巧的培养，鼓励学生大胆做题，冷静作答，同时培养解题得分意识。

　　意识8：做好错题消化验收，开发有针对性的校本练习

　　教师要培养学生独立地（指不依赖他人）、保质保量地做一些题。把每次作业和测试都要求当作中考对待。要紧盯错题，做好反思，因为错题才是我们最宝贵的资源。对每次考试或作业的丢分和失误的试题要求及时用红笔订正消化，教师对学生的错题要检查落实过关。做好每次测试质量分析，根据反馈调整自己的教学。要求学生把平时反复易错的习题有目的地整理在专用的错题本上，归纳总结失误的原因，保证下一次考试不该丢的分一分不丢。教师要充分利用错题资源，根据典型错题编制一些改编练习让学生经常练。教师要学会开发有针对性的校本练习，各种测试卷不要拿来主义，尽量自己去编制，这可以大大提高复习的针对性，对复习教学的减负增效大有裨益。

结束语

中考物理第一轮复习是整个初中物理教学过程的重要一环，其主要意义在于帮助学生将新课学习过程中的知识条理化和系统化。在这一过程中，不仅可以引导学生补缺补差、巩固提高，而且能够发现学生学习的难点和薄弱环节，从而为第二轮进一步突破重难点的复习打下基础，从这一角度可以说其有着"承上启下"的重要作用。要提高物理第一轮复习效率，要求教师认真研读物理新课程标准，看准中考方向，从学生答题存在的问题中强化教学意识，提高教学针对性，切实提高学生分析问题、解决问题的能力。八种教学意识的凸显，是构建高效复习课堂的根本。让我们做一个善于思考的研究型教师，强化教学目的与行为，"我思故我行"，这样才能引领学生实现深度学习，进而提高教学实效。

（本文发表于《中学物理》2018年第1期）

学生自选器材分组实验探究

工作室成员　刘志龙

　　演示实验多数是教师在台上"表演"，学生没有动手的机会，不利于提高实验技能。能让学生较多地参与实验活动的是学生分组实验。物理分组实验教学是物理实验教学的重要内容，是落实实验教学目标，全面提升学生实验能力的重要环节。而在分组实验中让学生自选器材，是一个大胆的探索，能开拓学生的思维，让学生不受教材既定实验的限制，充分发挥自身的想象力和创造力，结合基本实验原理和物理知识完成实验，在提升学生知识掌握程度和应试能力的同时，可以提升学生解决实际问题的能力，也符合培养创新性人才的新时代教育理念。为了对学生自选器材在分组实验中的效果进行量化评价，我们在学生实验时，设计的学生得分由教师评价（实验过程、实验效果、实验反馈）、实验报告、实验测评三部分组成，经过统计数据发现，自选器材组的平均得分为89分，相对于非自选器材组平均高出4~5分；而自选器材组表现突出的地方主要在画实验装置流程图的多样性和完整性以及实验的亮点、创新点较多，得分较高。

一、根据现有器材来确定实验过程和方法

　　学生实验器材：橡皮筋、橡皮泥、弹簧、直尺、细线、测力计、铜块、钩码一组、烧杯。

1. 利用列表法来确定各个器材的作用

表1　各个器材作用

器材	橡皮筋	橡皮泥	弹簧	直尺	细线	测力计	铜块	钩码	烧杯
作用	弹性形变	塑性形变	弹性形变	测长度	捆绑	测力的大小	测参数	已知质量	盛液体

通过列表就可以很明确地知道各个器材的作用，以便确定实验的目的和确定该实验所需的实验器材。列表有助于学生发散思维，将所学的知识综合应用和联系并进行有机的组合，来达到实验目的。

2. 根据器材的相关性和启发性来确定实验目的

橡皮筋、橡皮泥、弹簧此类物体都与形变有关，这样就可以确定研究的方向，而形变又分为两种：弹性形变和塑性形变。钩码、测力计可以利用公式 $G=mg$ 相互联系，这就涉及力的知识，而弹簧又涉及弹力的知识，将它们结合起来就可以研究弹簧所受的拉力与其伸长量的关系。通过对器材相关性的理解，使学生对知识结构的交汇点理解更透彻，有利于学生对实验内涵的把握。教师在提供器材让学生自选时，要在实验室能提供的器材范围内尽量提供实验相关的器材，而不是通过大量无关器材误导学生的思维。例如，测密度的实验中天平、量筒、烧杯、刻度尺、记号笔、弹簧测力计、杠杆等力学器材可以提供给学生自选，但是如果出现电压表、电流表等电学器材，就会南辕北辙了。

3. 测常用物理参数，掌握基本实验器材

物理参数有很多，如重力、质量、密度、体积、速度、长度、电流、电压、电阻等，根据这些实验器材来确定可以测量的物理参数。例如，利用测力计测铜块的重力，从而计算出质量；若要测铜块的体积，则需要量筒，而器材中缺少量筒，我们需要利用浮力的知识来解决问题。利用测力计测出铜块在空气中的重力，再将铜块浸没在水中，测出此时的拉力，从而算出浮力，再利用浮力的公式算出铜块排开液体的体积，得出铜块的体积。在这个过程中，将基本的物理参数看作一个实验元素，再将不同的元素组合起来就可以得到许多新的知识。例如，将质量和体积组合就可以测出密度，将电流和电压组合就可以得到电阻和电功率。通过对基本物理参数的测量进一步加深学生对知识的理解，学生找到将复杂问题简单化（分解成基本的物理参数）的方法。

二、根据实验目的采用"逆推法"来确定实验器材

1. 由原理公式逆推到实验器材

测平均速度的原理公式$v=s/t$，若要测量平均速度，则需要测量时间（秒表）和路程（刻度尺），而运动的物体就需要小车，要让小车运动就需要斜面，由此可知，只需要知道实验中需要测量的物理量并结合相关器材，整个实验过程的器材就基本确定了。其实很多实验根据原理公式就可以大致确定实验器材。例如，测密度$\rho=m/V$，只需测出质量（天平）和体积（量筒）就可以算出密度。

2. 由条件逆推到实验器材

现象类的实验很多都需要满足条件才能观察到现象，此时就需要牢牢把握住实验条件才能确定实验器材。例如，晶体熔化实验，晶体熔化的条件是达到熔点、继续吸热。要知道晶体的熔点就需要晶体、装晶体的容器、酒精灯、温度计，而要知道是否继续吸热，则要确定达到熔点的时间，以及达到熔点后面一段时间会怎么样，这就需要每隔一小段时间测量温度，就需要秒表。还有像探究水沸腾的实验，它的条件是达到沸点、继续吸热，故根据条件也可以基本确定实验器材。在这一过程中也让学生明白为什么需要这些器材以及这些器材在实验中的作用，帮助学生对实验条件理解得更准确。

3. 由猜想逆推到实验器材

实验猜想在物理实验环节很重要，有利于启迪学生思维，容易出现创新的火花。例如，在平面镜成像的特点实验中，学生联系到生活实际，比较容易猜想像与物的大小相等、成的是虚像、像与物到平面镜距离相等，这三个猜想就需要两个光源、白纸、平面镜、刻度尺、笔。在实验过程中可能会遇到一些问题，比如说，如何比较像与物的大小关系，学生会发现利用镜子根本没法比较，主要是因为平面镜成的是虚像，当你到镜子的背面时根本没有看到像，这就需要更换为透明的玻璃板。通过这些猜想中需要测量的物理量来确定实验器材，并在实验过程中培养学生解决实际问题的能力，让学生自主完成对自己猜想的验证，使学生在实际生活中的独立自主能力得到锻炼。

三、从实验误差、现象和流程图中改进实验方法与器材

1. 从实验方法的角度来减小实验误差

实验误差不可避免，但可以尽量减小，以提高实验的精确度，让学生在学习中能够精益求精。而对每一种方法所产生的误差用流程图的形式表示出来，让学生清楚地知道问题出在哪里。例如，测某种液体的密度，用流程图将实验步骤表示出来。

如图1所示，若先测质量，再将烧杯中的液体全部倒入量筒中测体积，如图2所示，因为倒不干净，就会导致所测体积偏小，通过流程图很清晰地知道哪里需要改进。同样的道理，若先用量筒测液体体积，再将量筒中的液体全部倒入烧杯（空烧杯的质量已测好）中，因为倒不干净，就会导致所测质量偏小。要解决这个问题就必须先测质量，再将烧杯中的液体部分倒入量筒中测体积，并测出烧杯和烧杯中剩余液体的质量，利用二者相减算出倒入量筒中液体的质量，从而避免倒不干净导致体积或质量偏小的问题出现（见图3）。

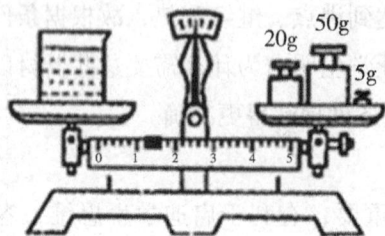

图1　天平测质量　　　　　图2　量筒测体积

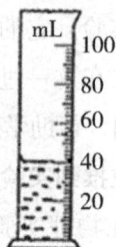

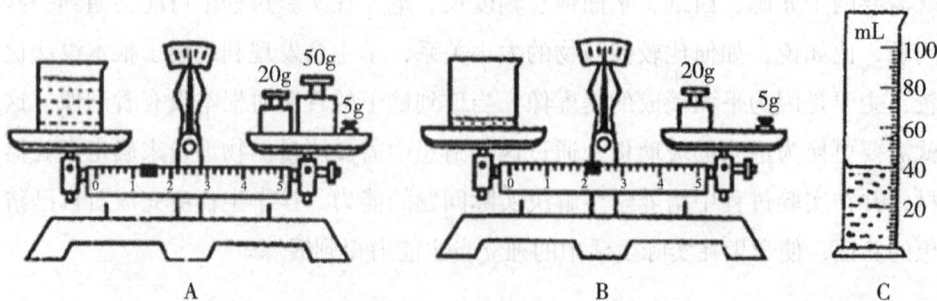

图3　测液体密度正确流程

再如测不规则石头的密度。一般的石头都会吸水，吸水就会影响体积或质量，为了减小这个误差，必须先测量石头的质量，然后让石头吸饱水，再将石头放入装有水的量筒中，测出体积。在这一过程中，学生充分思考了实验误差产生的原因，结合流程图，更快速地对症下药，改进实验方法，使实验结果更精确，使学生能体会到逻辑思维的美妙（见图4）。

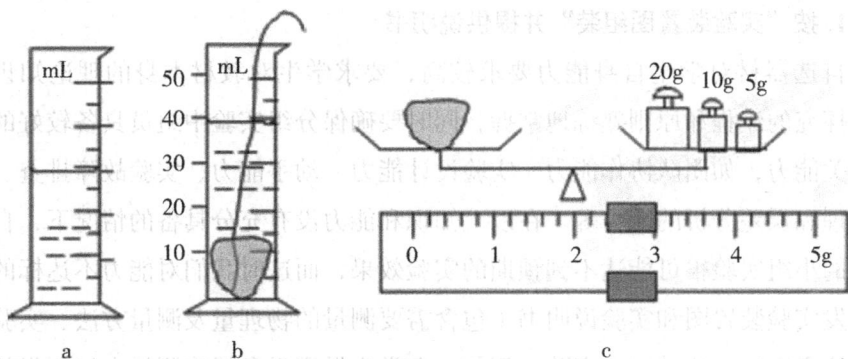

图4　测固体密度流程

2. 从实验器材的角度来使实验现象更显著、更科学

实验现象是否显著直接影响实验效果和学生对物理实验的热情，明显的实验现象让学生对物理实验所涉及的知识印象更深刻，也有利于学生提高对物理的感性认识。比如测量不规则固体的密度，但颗粒较小，若测质量放一个固体颗粒，现象不明显，这就需要用到累积法，即将大量的固体颗粒放在天平的托盘中，测体积时也一样。再如探究水沸腾的实验，为了更好地观察沸腾现象，需要加大火力和较小的烧杯、适量的水；平面镜成像实验要求在较黑暗的环境和较薄的玻璃板；等等，都是为了使实验现象更明显，有利于学生对实验结果留下深刻的印象，激发学生兴趣。

实验现象是否科学直接影响实验结论和学生的应试能力。例如，在进行串并联电路的电流规律探究的过程中，有细心的小组发现，在实验中改接电路后，处于不同位置的电流、电压表读数会有偏差和不同，这样甚至会误导学生产生串联电路不能处处相等的错误思想。产生这一现象的根本原因是随着使用年限的增长，导线和接线柱都有不同程度的氧化，接触的位置不同，导致每次实验的总电阻会有细微变化，该小组同学讨论觉得如果能够在一次实验中得到所有需要的数据，就可以避免这种改接电路产生的影响，这样的做法需要三块电流表同时接入电路不同位置。所以该小组同学跟教师说明想法，并画出实验电路图，补全实验器材，在全班同学面前展示了他们的实验，而且所得数据更精确，实验现象更科学。

四、让自选器材成为"分层教学"的最好试验地

1. 按"实验装置图组装"并提供说明书

自选器材对学生自身能力要求较高，要求学生对教材本身的理论知识、实验探究的流程和原则熟练地掌握，同时要确保分组实验中组员具备较好的实验相关能力，如团队协作能力、实验设计能力、动手能力、实验故障排查、数据整理和误差分析的能力等。在以上知识和能力没有充分具备的情况下，自选器材的小组实验很可能达不到预期的实验效果，而这时我们对能力不达标的学生配发实验装置图和实验说明书（包含需要测量的物理量及测量方法、实验步骤、注意事项）让其完成实验。例如，在学生做用吸盘粗略测量大气压强的实验时，就给学生配用吸盘粗略测量大气压强的装置图和说明书，让学生按照装置图完成实验，并得到合理的实验结论，这样，能力不达标的学生也能在实验过程中学到实验技能和方法。

2. 在最简单的实验的基础上不断改进实验器材

对于中层学生，他们很难像优秀学生那样短时间内想到比较好的方法，也很难像基础差的学生那样按照流程图完成实验——这样对他们没有挑战性。他们需要在他们已掌握的物理知识的基础上不断改进实验，以求得到想要的实验现象和效果。

例如，光的直线传播这节课，中层学生知道光在均匀介质中沿直线传播，也知道要观察到现象就一定要让光在同种均匀介质中传播。最开始学生让激光笔射出的光在黑板下的粉笔灰中传播，观察到了很明显的现象，但同时也引来前排同学的反感（主要是灰尘多）。学生就想改进实验器材，让实验更卫生，于是就采用了水雾，效果相对差一点，于是又想到用烟雾，烟雾效果好，但担心安全问题，于是改用干冰，让其升华，得到烟雾，但干冰不容易得到，烟雾时间不长，学生就想找到一种持续时间长、实验效果又显著、还安全的器材。有小组向高中化学老师申请到了硫酸铜溶液，可以清晰地看到光在硫酸铜溶液

中沿直线传播，然后又在清水中加入少量奶粉，倒入硫酸铜溶液上方，清晰地看到光在不同介质中传播时方向发生了改变。在这一过程中，学生终于找到了持续时间长、实验效果又显著、还安全的器材，学生的思维一步一步得到提升，并逐步掌握解决问题的方法。

3. 分享学生集体智慧，让优秀的学生更优秀

在做自选器材测量物体的密度的实验时，优秀的学生很快就设计好自己的实验流程图，并根据流程图做实验。而每位优秀学生的实验设计思路大都不相同，为了能够使集体智慧得到共享，我们按功能区分类，制作成小卡片（包含实验流程图、实验说明及注意事项）。例如，在做测密度的实验时，学生按功能区制作了测质量区，用天平测质量，用弹簧测力计测质量，用杠杆测质量等，每种方法一张小卡片，还制作了测体积区、测密度区，当把这些小卡片按功能分类粘在一张大卡片上时，学生就轻而易举地将各种测体积、测质量、测密度的方法一网打尽。这样使学生的思维在相互交流中更开阔、更系统，对测密度以及以后很多类似实验（测浮力、测机械效率、测电阻、测电功率等）都可以采用相同的方法来拓展学生思维，使学生的知识体系更系统化，让学生集体的智慧在分享中充分得到发扬，让优秀的学生更优秀。

结束语

初中物理实验课堂分组实验教学模式近几年来得到了大力推崇，学校教师很注重实验教学的落实。通过对学生自选器材实验进行量化评分，发现学生自选器材组得分较高，不仅能够提高教学的水平，还能够激发学生的探索精神。几点学生自选器材分组实验教学采用的策略和改进策略，并相应地设计了学生自选器材分组实验教学改进案例，此部分为本文的重点。希望本研究对于指导初中物理教师顺利及有效地完成学生自选器材分组实验教学，培养学生的学习兴趣、良好的科学素养有一定的参考价值。

参考文献

［1］周艳.初中数学小组合作教学有效性策略［J］.数理化解题研究，2018（14）.

［2］胡洪良.让学生自选器材实验效果好［J］.中小学实验与装备，2000，
10（4）：5-5.

［3］方晓华.关于初中科学中分组实验的合作性学习［J］.都市家教月刊，
2015（11）.

（本文发表于《教育学》2018年第11期）